DICHTER ÜBER DICHTER IN MITTELHOCHDEUTSCHER LITERATUR

HERAUSGEGEBEN
VON
GÜNTHER SCHWEIKLE

MAX NIEMEYER VERLAG TÜBINGEN
1970

In den *Deutschen Texten* werden poetische, kritische und theoretische Texte aus dem gesamten Bereich der deutschen Literatur bis zur Gegenwart sowie dazugehörige Materialien und Dokumente veröffentlicht. Die Wahl der Themen, die Zusammenstellung der Texte und die Anlage der Bände entsprechen der Zielsetzung der Reihe: die *Deutschen Texte* sind für den Unterricht in Literaturgeschichte und Literaturwissenschaft an den Universitäten und den höheren Schulen bestimmt.

Redaktion der Reihe: Lothar Rotsch

ISBN 3 484 19011 6

Satz und Druck: Allgäuer Zeitungsverlag GmbH Kempten
Einband von Heinr. Koch Tübingen

INHALTSVERZEICHNIS

VORWORT X

I. TOTENKLAGEN

A Über einzelne Dichter

1 Walther von der Vogelweide: „O we daz wisheit vñ jugint . . .“ (Hs. A). [Um 1205]
Über: Reinmar den Alten 1

2 Ulrich von Singenberg, Truchseß von St. Gallen: „Uns ist unsers sanges meister an die vart . . .“ [Um 1230]
Über: Walther von der Vogelweide 2

3 Meister Rumelant von Sachsen: „Ihesus krist der kristen . . .“ (Hs. J). [Um 1270]
Über: Marner 2

4 Heinrich von Meißen, genannt Frauenlob: „Gevîolierte blüete kunst . . .“ [Um 1290]
Über: Konrad von Würzburg 3

B Über mehrere Dichter

5 Reinmar von Brennenberg (?): „Wâ sint nu alle die von minnen sungen ê?“ [Mitte 13. Jh.]
Über: Ulrich von Singenberg; Reinmar den Alten; Walther von der Vogelweide; Rudolf von Fenis; Heinrich von Rugge; Albrecht von Johansdorf; Friedrich von Hausen; Walther von Metz; Rubin; Wachsmut; Ulrich von Gutenburg 3

6 Rubin (Robyn): „Reymar mich ruwet sere . . .“ (Hs. J). [Ende 13. Jh.]
Über: Reinmar; Walther von der Vogelweide; Stolle; Neidhart; Bruder Wernher 4

II. DICHTERKATALOGE

7 Gottfried von Straßburg: „Tristan und Isold“. [Um 1210]
Über: Hartmann von Aue; (Wolfram von Eschenbach); Bligger von Steinach; Heinrich von Veldeke; (Reinmar den Alten); Walther von der Vogelweide 5

8 Heinrich von dem Türlin: „Der Âventiure Crône“. [Um 1220]
Über: Hartmann von Aue; Reinmar den Alten; Dietmar von Aist;

Heinrich von Rugge; Friedrich von Hausen; Ulrich von Gutenburg; Hug von Salza 12

9 Rudolf von Ems: „Alexander". [Nach 1230]
Über: Heinrich von Veldeke; Hartmann von Aue; Wolfram von Eschenbach; Gottfried von Straßburg; Konrad von Heimesfurt; Wirnt von Grafenberg; Ulrich von Zazikhoven; Bligger von Steinach; Heinrich von dem Türlin; Freidank; Konrad Fleck; Absolon; Albrecht von Kemenaten; Heinrich von Lînouwe; Stricker; Wetzel; Ulrich von Türheim 16

10 Rudolf von Ems: „Willehalm von Orlens". [Um 1240]
Über: Heinrich von Veldeke; Hartmann von Aue; Wolfram von Eschenbach; Gottfried von Straßburg; Bligger von Steinach; Ulrich von Zazikhoven; Wirnt von Grafenberg; Freidank; Absolon; Konrad von Fußesbrunnen; Konrad Fleck; Heinrich von Lînouwe; Stricker; Gottfried von Hohenlohe; Albrecht von Kemenaten; Ulrich von Türheim; Meister Hesse; Vasolt 22

11 Hugo von Trimberg: „Der Renner". [Vollendet 1300]
Über: Otto von Botenlauben; Heinrich von Morungen; Schenk von Limburg; von Windesbecke; Gottfried von Neifen; Herrand von Wildonie; von Brunecke; Walther von der Vogelweide; Reinmar den Alten; Peterlîn; Marner; Konrad von Würzburg; – Vergil; M. Tullius Cicero; Lucan; Juvenal; Persius; Macrobius; Boethius; Ovid; Statius; Sallust; Horaz; Terenz; Seneca 28

III. Berufungen auf Vorbilder und Vorläufer

A Lyrik

12 Der Marner: „Lebt von der vogelweide . . ." (Hs. C). [Um 1260]
Über: Walther von der Vogelweide; Rudolf von Fenis; Heinrich von Rugge; Reinmar den Alten; Reinmar von Zweter (?); Heinrich von Veldeke; Wachsmut; Rubin; Neidhart 33

13 Der von Gliers: „Kund ich mit fuoge mînen muot . . ." [13. Jh.]
Über: Ulrich von Gutenburg; Otto zum Turne; Heinrich von Rugge; Hartmann von Aue; Rudolf von Rotenburg; Friedrich von Hausen . 33

14 Herman der Damen: „Ich sitze tiefe in sorgen wage . . ." [1280/1300]
Über: Reinmar; Walther von der Vogelweide; Rubin; Neidhart; Friedrich von Sonnenburg; Marner; Heinrich von Ofterdingen; Wolfram von Eschenbach; Klingsor von Ungarland; Meißner; Konrad von Würzburg 38

15 Regenbogen (?): „Die meister habent wol gesungen . . ." [Um 1320]
Über: Frauenlob; Klingsor; Wolfram von Eschenbach; Ehrenbote; Marner; Boppe; Konrad von Würzburg 39

B Epik
16 Konrad von Fußesbrunnen: „Die Kindheit Jesu". [Vor 1200]
Über: Meister Heinrich 40
17 Rudolf von Ems: „Alexander". [Nach 1230]
Über: Berthold von Herbolzheim; den Pfaffen Lamprecht; Biterolf . . 42
18 Rudolf von Ems: „Willehalm von Orlens". [Um 1240]
Über: Ulrich von Türheim; Walther von der Vogelweide 44
19 Ulrich von Türheim: „Rennewart". [Um 1250]
Über: Wolfram von Eschenbach 48
20 Konrad von Würzburg: „Das Herzmaere". [2. Hälfte 13. Jh.]
Über: Gottfried von Straßburg 55
21 Konrad von Würzburg: „Die goldene Schmiede". [2. Hälfte 13. Jh.]
Über: Gottfried von Straßburg 56
22 Ulrich von dem Türlin: „Willehalm". [1260/70]
Über: Wolfram von Eschenbach 57
23 Der Pleier: „Meleranz". [2. Hälfte 13. Jh.]
Über: Hartmann von Aue; Wolfram von Eschenbach 58
24 Konrad von Stoffeln: „Gauriel von Muntabel". [2. Hälfte 13. Jh.]
Über: Gottfried von Straßburg; Hartmann von Aue; Wolfram von Eschenbach 59
25 Ulrich von Etzenbach: „Alexander". [Um 1290]
Über: Wolfram von Eschenbach; Walther von Châtillon 60
26 Ulrich von Etzenbach: „Alexander". [Um 1290]
Über: Wolfram von Eschenbach 63
27 Ulrich von Etzenbach: „Alexander". [Um 1290]
Über: Ulrich von dem Türlin 65
28 Ulrich von Etzenbach: „Wilhelm von Wenden". [1290/1300]
Über: Wolfram von Eschenbach 66
29 Heinrich von Freiberg: „Tristan". [Um 1300]
Über: Gottfried von Straßburg 67
30 Johann von Würzburg: „Wilhelm von Österreich". [1314]
Über: Gottfried von Straßburg 68
31 Johann von Würzburg: „Wilhelm von Österreich". [1314]
Über: Wolfram von Eschenbach; Rudolf von Ems 70

IV. Spezielle Verweise auf Vorbilder und Vorläufer

A Lyrik
32 Der Taler: „In klage niht bluomen noch den klê . . ." [2. Hälfte 13. Jh.]
Über: Gottfried von Neifen 72
33 Heinrich von Meißen, genannt Frauenlob: „Auf Otto, grafen von Ravensberc". [Um 1300]
Über: Herman der Damen 73

B Epik

34 In: „Moriz von Craûn". [Um 1190]
Über: Heinrich von Veldeke 74
35 Herbort von Fritzlar: „Liet von Troye". [Um 1200]
Über: Heinrich von Veldeke 75
36 Wolfram von Eschenbach: „Parzival". [1200/10]
Über: Hartmann von Aue 76
37 Wolfram von Eschenbach: „Parzival". [1200/10]
Über: Heinrich von Veldeke 76
38 Wolfram von Eschenbach: „Willehalm". [Um 1215]
Über: Heinrich von Veldeke 78
39 Wolfram von Eschenbach: „Willehalm". [Um 1215]
Über: Walther von der Vogelweide 79
40 Wolfram von Eschenbach: „Willehalm". [Um 1215]
Über: Neidhart 80
41 Wirnt von Grafenberg: „Wigalois". [Um 1210]
Über: Hartmann von Aue; Wolfram von Eschenbach 81
42 Heinrich von dem Türlin: „Der Âventiure Crône". [Um 1220]
Über: Wolfram von Eschenbach 83
43 Reinbot von Durne: „Der heilige Georg". [Um 1230]
Über: Heinrich von Veldeke; Wolfram von Eschenbach; Hartmann von Aue 84
44 Rudolf von Ems: „Alexander". [Nach 1230]
Über: Gottfried von Straßburg; Freidank 85
45 Rudolf von Ems: „Willehalm von Orlens". [Um 1240]
Über: Wolfram von Eschenbach 87
46 Wernher der Gärtner: „Meier Helmbrecht". [Nach 1250]
Über: Neidhart 88
47 Ulrich von dem Türlin: „Willehalm". [Um 1260/70]
Über: Wolfram von Eschenbach 89
48 Albrecht von Scharfenberg: „Der Jüngere Titurel". [Um 1270]
Über: Wolfram von Eschenbach; Neidhart 90
49 Albrecht von Scharfenberg: „Der Jüngere Titurel". [Um 1270]
Über: Walther von der Vogelweide 91
50 Albrecht von Scharfenberg: „Der Jüngere Titurel". [Um 1270]
Über: Hartmann von Aue 92
51 Der Pleier: „Garel von dem blüenden tal". [2. Hälfte 13. Jh.]
Über: Hartmann von Aue 92
52 In: „Seifried Helbling". [1280/1300]
Über: Heinrich von Morungen 93
53 In: „Seifried Helbling". [1280/1300]
Über: Konrad von Haslau 95
54 In: „Seifried Helbling". [1280/1300]
Über: Wolfram von Eschenbach 96

55 In: „Der Heller der armen Frau". [13. Jh.]
Über: Gottfried von Neifen 98
56 Heinrich von Freiberg: „Tristan". [Um 1300]
Über: Gottfried von Straßburg 100
57 Heinrich von Freiberg: „Tristan". [Um 1300]
Über: Neidhart 101
58 In: „Reinfrid von Braunschweig". [Um 1300]
Über: Wolfram von Eschenbach 102
59 In: „Reinfrid von Braunschweig". [Um 1300]
Über: Jakob Abt 104
60 In: „Der Göttweiger Trojanerkrieg". [Um 1300]
Über: Wolfram von Eschenbach 105
61 In: „Der Göttweiger Trojanerkrieg". [Um 1300]
Über: Heinrich von Veldeke 107
62 In: „Die Kreuzfahrt des Landgrafen Ludwigs des Frommen von Thüringen". [1301]
Über: Wolfram von Eschenbach 107
63 Ottokar: „Österreichische Reimchronik". [Um 1310]
Über: Wolfram von Eschenbach 110
64 Ottokar: „Österreichische Reimchronik". [Um 1310]
Über: Wolfram von Eschenbach; Hartmann von Aue 111
65 Ottokar: „Österreichische Reimchronik". [Um 1310]
Über: Frauenlob 112

V. Wörtliche Zitate aus Werken anderer Dichter

66 Wolfram von Eschenbach: „Parzival". [1200/10]
Zitiert: Walther von der Vogelweide 113
67 In: „Die Kaiserchronik", zweite (schwäbische) Fortsetzung. [Ende 13. Jh.]
Zitiert: Wolfram von Eschenbach 114
68 In: „Seifried Helbling". [1280/1300]
Zitiert: Freidank 115
69 Hugo von Trimberg: „Der Renner". [1300]
Zitiert: Freidank 116

Auswahlbibliographie 120
Quellennachweise und Erläuterungen 121
Tabellarische Übersichten 131
Namenverzeichnis 135

VORWORT

Diese Sammlung enthält Zeugnisse vom Ende des 12. Jahrhunderts bis zum Beginn des 14. Jahrhunderts. Spätere Beispiele, zu denen so bedeutsame wie das in der Würzburger Handschrift des Michael de Leone überlieferte Gedicht *Her reimar der wart nie so wert* Lupold Hornburgs von Rotenburg oder der *Ehrenbrief* Jakob Püterichs von Reichertshausen gehören, bleiben einem Band „Dichter über Dichter in spätmhd. Literatur“ vorbehalten. Nicht aufgenommen sind ferner Texte zu den Themenkreisen „Parodie und Polemik in mhd. Literatur“, „Dichter über Dichtung in mhd. Literatur“ und weiter im allgemeinen auch Berufungen auf unmittelbare Quellen (z.B. fehlen Wolframs umstrittene *Kyot*-Beschwörungen ebenso wie Quellenberufungen im *Straßburger Alexander*, in Gottfrieds *Tristan* oder bei Hartmann von Aue u.a.). Eine Ausnahme, die sich aus dem Kontext ergeben hat, bildet die Berufung Ulrichs von Etzenbach auf *Walther von Châtillon* (Nr. 25) und in gewissem Sinne auch Rudolfs von Ems Nennungen früherer Bearbeiter des *Alexander*-Stoffes (Nr. 17).

Der thematische Rahmen dieser Anthologie reicht von unmittelbaren Äußerungen über zeitgenössische Dichter bis zu indirekten Belegen der Hochschätzung eines literarischen Vorbildes durch die Aufnahme eines wörtlichen Zitates aus dessen Werk.

Die Ordnung der Texte ist eine Möglichkeit unter anderen. An den Anfang gestellt wurden die beiden Kapitel, welche jeweils durch die bekanntesten Zeugnisse mhd. literarischer Würdigung eröffnet werden: die ‚Totenklagen‘ durch Walthers Nachruf auf Reinmar und die ‚Dichterkataloge‘ durch die schulemachende sogenannte Literaturstelle im *Tristan* Gottfrieds von Straßburg. Die Abgrenzung der einzelnen Kategorien ist nicht immer so eindeutig wie bei diesen beiden Beispielen. Ebenso könnte die terminologische Gliederung bei veränderten Aspekten anders aussehen. Die Reihung innerhalb der einzelnen Kapitel ist (mit den sachnotwendigen Vorbehalten) chronologisch.

In die Kapitel I–III wurden alle mir bekannten Zeugnisse aufgenommen. In Kapitel IV und V wurden, wenn ein Name in einem Werk häufiger zitiert ist, nur einzelne Beispiele gebracht (vgl. die Anmerkungen).

Da diese Ausgabe primär für den akademischen Unterricht gedacht ist, wurden die Texte, so weit möglich, über den direkten thematischen Umfang hinaus im jeweiligen Kontext dargeboten, um die Möglichkeit zu schaffen, vom Rahmenthema des Bändchens aus zu weiteren Themen- und Problemkreisen vorzustoßen. Daß sich auch hier andere Grenzen ziehen ließen, ist mir bewußt; das Bändchen ist nicht nur in diesem Punkt das Resultat mannigfacher Kompromisse.

Bei Texten aus der mhd. Lyrik wurde der in der Überlieferung gegebene Gedichtzusammenhang gewahrt. Deshalb ist der Leich des von Gliers ganz abgedruckt worden, aber z.B. aus KLD 44, IV nur die vereinzelt überlieferte Strophe 13 (vgl. Anmerkung zu Nr. 5). Bei Abschnitten aus epischen Werken waren den Auswahlmöglichkeiten mit Rücksicht auf den gegebenen Umfang des Bändchens Grenzen gesetzt. Knappste Hinweise mußten als Hilfe zur Einordnung in das jeweilige Werk genügen. Aus dem *Renner* Hugos von Trimberg ist der Ausführungen über die antiken Dichter wegen das ganze zum Dichterkatalog gehörige Kapitel aufgenommen worden (Nr. 11). Auch *Der Heller der armen Frau* ist als Beispiel einer geistlichen Kleindichtung ungekürzt geblieben.

Die Texte folgen den Standardausgaben. Als erwünschten Nebeneffekt bringt diese Sammlung damit auch einen Querschnitt durch verschiedene Formen der handschriftlichen und philologischen Textdarbietung sowie sprachgeschichtliche Perspektiven, die ungefähr vom Jahre 1200 bis ins 16. Jh. (Nr. 34) reichen. Leider war es nicht möglich, bei ‚kritischen' Texten den Lesartenapparat mit aufzunehmen. Bei den Proben aus den Deutschen Texten des Mittelalters entfielen auch die kursiven Kennzeichnungen editorischer Eingriffe in den handschriftlichen Text. Um dennoch bei der Benutzung des Bändchens die textkritische Arbeit nicht auszuschließen, wurden bei einigen lyrischen Texten, die z.T. in kritischen Ausgaben leicht greifbar sind, Handschriftenabdrucke gewählt (Nr. 1, Nr. 3, Nr. 6, Nr. 12, Nr. 34).

Die Angaben zu den Dichtern und ihren Werken fußen im allgemeinen auf:

Gustav Ehrismann, Geschichte der deutschen Literatur bis zum Ausgang des Mittelalters. 2. Teil: Die mittelhochdeutsche Literatur. München 1922–1935 (Nachdruck München 1959).

Helmut de Boor, Geschichte der deutschen Literatur. Bd. 2, 7. Aufl. München 1964; Bd. 3,1 München 1962.

Die deutsche Literatur des Mittelalters. Verfasser-Lexikon. Bd. 1–3 hrsg. von Wolfgang Stammler. Berlin 1933–1943; Bd. 4 und 5 hrsg. von Karl Langosch. Berlin 1953, 1955.

Angesichts der Unsicherheit vieler Datierungen und der besseren Übersicht wegen beschränkte ich mich, auch in den Fällen, in welchen in der Forschung genauere Datierungen vorzuliegen scheinen, in der Regel auf eine Dekadenmarkierung.

Bei der Schreibung der Namen habe ich mich den gebräuchlichen Formen angeschlossen, mit Ausnahme von Meister Rumelant (Nr. 3), den ich, der Jenaer Liederhandschrift folgend, von seinem schwäbischen Namensvetter absetzen wollte.

Die Anmerkungen, das Namenregister und die Bibliographie mußten aus Platzgründen stark reduziert werden; sie können nur erste Orientierungshilfen bieten. Auf Wunsch des Verlages wurden zwei Übersichten beigefügt, die einen raschen und in der Fülle der Namen wohl auch überraschenden Überblick über die in diesem Zeitraum zitierenden und zitierten Dichter vermitteln sollen. Da ich übliche Abkürzungen benutzt habe, glaubte ich, auf ein gesondertes Verzeichnis verzichten zu können.

Für Hilfe und Rat habe ich meinen Mitarbeitern, Dr. Ulrich Müller, Hans-Friedrich Reske, Jürgen Kühnel, und vor allem meiner Frau zu danken.

Stuttgart, Juni 1970 G. S.

1 Walther von der Vogelweide: „O we daz wisheit vn̄ jugint . . .“ [Um 1205]

Über: Reinmar den Alten.

I
O we daz wisheit vn̄ jugint
dez mannes schone noch sin tugint
nith erbin sol so ie der liep ir stirbit
daz mac wol clagin ein wisir man.
dˢ sich dez schadin vir sinnin kan.
Reimar was guetir kunst an dir virdirbit
dv solt von schuldin iemir dez gi niesin
daz dich dez tagis nie wolti vir driessin
dvn sprechis ie den vrowin wole. (und iren reinen siten)
dez sv́n si iemir danken diner (s)zungin.
vn̄ hettist andirs niht won eine rede gi sungin
so wol dir wib wie reine din nā. dv hettest an ir lob alse gi stritin
daz ellu ẃib dir iemir ginadin soltin bittin.

II
Des swar reimar dv ruwes mich
michel harter den ich dich
ob dv lebtes. vn̄ ich were erstorben.
Ich wils bi minen truwen sagen.
dich selben wil ich luzel clagen.
Ich clage din edel kunst daz si ist vˢdorben.
dv kundest alle dˢ welte frode meren.
so dus zu gůten dingen woltust keren.
Mich ruwet dien wol redendˢ mvͤnt vn̄ din vil svͤzer sang.
daz dˢ verdorben ist bi minē ziten.
daz dv niht eine wile mochtust biten.
So leiste ich dir geselleschaft. Min singen ist niht lang.
din sele mv̊ze wol gewarn. vn̄ habe din zunge danch.

2 Ulrich von Singenberg, Truchseß von St. Gallen: „Uns ist unsers sanges meister an die vart . . .“ [Um 1230]

Über: Walther von der Vogelweide.

Uns ist unsers sanges meister an die vart
den man ê von der Vogelweide nande,
diu uns nâch im allen ist vil unverspart.
waz frumet nû swaz er ê der welte erkande?
sîn hôher sin ist worden cranc:
nû wünschen ime dur sînen werden höveschen sanc,
sît dem sîn vröide sî ze wege,
daz sîn der süeze vater nâch genâden phlege.

3 Meister Rumelant von Sachsen: „Ihesus krist der kristen . . .“ [Um 1270]

Über: Marner.

Ihesus krist der kristen. e. wart
gigtich. Der mac vns vil wol ge-
vristen. Daz ist ougensichtich.
todes kvmpt vns allen. willich
ist bereit Got hette eynen mar-
ner. lange vristet. Der was ma-
niges warner. Nv hat in vůr-
listet. Mortliche todesvallen. got
daz ist myr leyt Schentlicher
mort der wart noch nye began-
gen. An eyme kranken blynden
alten manne Deme selber nach
dem tode mv̊chte irlangen. Die
morder syn die sten tzv̊ gotes ban-
ne Kristes mv̊ter sůze maget
gedenke. was her dynes lobes
grůze. Schone myt gelenke. Ma-
nigem kvnde scallen dyner wer-
dicheit.

4 Heinrich von Meißen, genannt Frauenlob: „Gevîolierte blüete kunst . . .“ [Um 1290]

Über: Konrad von Würzburg.

Gevîolierte blüete kunst,
dîns brunnen dunst
unt dîn gerœset flammenrîche brunst
diu hâte wurzelhaftez obez;
gewidemet in dem boume künste rîches lobes
hielt wipfels gunst
sîn list, durchliljet kurc.
Durchsternet was sîns sinnes himel,
glanz alse ein vimel,
durchkernet lûter golt nâch wunsches stimel
was al sîn bluot, geveimt ûf lop
gevult ûf margarîten niht ze klein unt grop;
sîns silbers schimel
gap gimmen velsen schurc.
Ach kunst ist tôt! nu klage, armônîe,
planêten tirmen klage niht verzîe,
pôlus, jâmers drîe.
genâde im, süeze trinitât,
maget reine, enpfât,
ich mein Kuonrât
den helt von Wirzeburc.

5 Reinmar von Brennenberg (?): „Wâ sint nu alle die von minnen sungen ê?“ [Mitte 13. Jh. (?)]

Über: Ulrich von Singenberg, Truchseß von St. Gallen; Reinmar den Alten; Walther von der Vogelweide; Rudolf von Fenis, Graf von Neuenburg; Heinrich von Rugge; Albrecht von Johansdorf; Friedrich von Hausen; Walther von Metz; Rubin; Wachsmut; Ulrich von Gutenburg.

Wâ sint nu alle die von minnen sungen ê?
sî sint meist tôt, die al der werlde fröide kunden machen.
von Sante Gallen friunt, dîn scheiden tuot mir wê:

du riuwes mich, dîns schimpfes manger kunde wol gelachen.
Reinmâr, dîns sanges manger gert.
ich muoz dich klagen und mînen meister von der Vogelweide.
von Niuwenburc ein herre wert
und ouch von Rucke Heinrîch sungen wol von minnen beide.
von Johansdorf und ouch von Hûsen Friderîch
die sungen wol; mit sange wâren hovelîch
Walther von Metz, Rubîn und einer hiez Wahsmuot.
von Guotenburc Uolrîch, der liute vil dîn singen dûhte guot.

6 Rubin (Robyn): „Reymar mich ruwet sere ..."

[Ende 13. Jh.]

Über: Reinmar; Walther von der Vogelweide; Stolle; Neidhart; Bruder Wernher.

Reymar mich ruwet sere.
Din sin vnd ouch din tot.
Du bist wol klagebere.
Durch dine richen kvnst
Vvalter du bist von hynnen.
Owe der selben not.
Mit dynen wisen synnen.
Du hette ouch herren gvnst
Stollen. den boc mit sange.
Nitharden mv̊z ich klagen.
Bruder wirneren lange.
Der mv̊z vns wol behagen.
Er hetzync mit getwange.
kvnde gůt beiagen.

7 Gottfried von Straßburg: „Tristan und Isold". [Um 1210]

Über: Hartmann von Aue; (Wolfram von Eschenbach); Bligger von Steinach; Heinrich von Veldeke; Reinmar den Alten (von Hagenouwe) und Walther von der Vogelweide.

Anstelle einer ausführlichen Schilderung der Schwertleite Tristans bespricht Gottfried Epiker und Lyriker seiner Zeit:

Sit die gesellen sint bereit
mit bescheidenlicher richeit,
wie gevahe ich nu min sprechen an,
daz ich den werden houbetman
Tristanden so bereite
ze siner swertleite,
daz man ez gerne verneme
und an dem mære wol gezeme?
ine weiz, waz ich da von gesage,
daz iu geliche und iu behage
und schone an disem mære ste.
wan bi minen tagen und e
hat man so rehte wol geseit
von werltlicher zierheit,
von richem geræte:
ob ich der sinne hæte
zwelve, der ich einen han,
mit den ich umbe solte gan,
und wære daz gevüege,
daz ich zwelf zungen trüege
in min eines munde,
der iegelichiu kunde
sprechen, alse ich sprechen kan,
ine wiste wie gevahen an,
daz ich von richeite
so guotes iht geseite,
mane hæte baz da von geseit.
ja ritterlichiu zierheit
diu ist so manege wis beschriben
und ist mit rede also zetriben,
daz ich niht kan gereden dar abe,

da von kein herze vröude habe.
Hartman der Ouwære
ahi, wie der diu mære
beid uzen unde innen
mit worten und mit sinnen
durchverwet und durchzieret!
wie er mit rede figieret
der aventiure meine!
wie luter und wie reine
siniu cristallinen wortelin
beidiu sint und iemer müezen sin!
si koment den man mit siten an,
si tuont sich nahen zuo dem man
und liebent rehtem muote.
swer guote rede ze guote
und ouch ze rehte kan verstan,
der muoz dem Ouwære lan
sin schapel und sin lorzwi.
swer nu des hasen geselle si
und uf der wortheide
hochsprünge und witweide
mit bickelworten welle sin
und uf daz lorschapelekin
wan ane volge welle han,
der laze uns bi dem wane stan;
wir wellen an der kür ouch wesen:
wir, die die bluomen helfen lesen,
mit den daz selbe loberis
undervlohten ist in bluomen wis,
wir wellen wizzen, wes er ger:
wan swer es ger, der springe her
und stecke sine bluomen dar.
so nemen wir an den bluomen war,
ob si so wol dar an gezemen,
daz wirz dem Ouwære nemen
und geben ime daz lorzwi.
sit aber noch nieman komen si,
der ez billicher süle han,
so helfe iu got, so lazenz stan.

wirn suln ez nieman lazen tragen,
siniu wort ensin vil wol getwagen,
sin rede ensi ebene unde sleht,
ob ieman schone und ufreht
mit ebenen sinnen dar getrabe,
daz er dar über iht besnabe.
vindære wilder mære,
der mære wildenære,
die mit den ketenen liegent
und stumpfe sinne triegent,
die golt von swachen sachen
den kinden kunnen machen
und uz der bühsen giezen
stoubine mergriezen:
die bernt uns mit dem stocke schate,
niht mit dem grüenen meienblate,
mit zwigen noch mit esten.
ir schate der tuot den gesten
vil selten in den ougen wol.
ob man der warheit jehen sol,
dan gat niht guotes muotes van,
dan lit niht herzelustes an:
ir rede ist niht also gevar,
daz edele herze iht lache dar.
die selben wildenære
si müezen tiutære
mit ir mæren lazen gan:
wirn mugen ir da nach niht verstan,
als man si hœret unde siht;
son han wir ouch der muoze niht,
daz wir die glose suochen
in den swarzen buochen.
Noch ist der verwære mer:
von Steinahe Bliker,
diu sinen wort sint lussam.
si worhten vrouwen an der ram
von golde und ouch von siden,
man möhtes undersniden
mit criecheschen borten.

er hat den wunsch von worten:
sinen sin den reinen
ich wæne daz in feinen
ze wundere haben gespunnen
und haben in in ir brunnen
geliutert unde gereinet:
er ist binamen gefeinet.
sin zunge, diu die harpfen treit,
diu hat zwo volle sælekeit:
daz sint diu wort, daz ist der sin:
diu zwei diu harpfent under in
ir mære in vremedem prise.
der selbe wortwise,
nemt war, wie der hier under
an dem Umbehange wunder
mit spæher rede entwirfet;
wie er diu mezzer wirfet
mit behendeclichen rimen!
wie kan er rime limen,
als ob si da gewahsen sin!
ez ist noch der geloube min,
daz er buoch unde buochstabe
vür vedern an gebunden habe;
wan wellet ir sin nemen war,
siniu wort diu sweiment alse der ar.
Wen mag ich nu mer uz gelesen?
ir ist und ist genuoc gewesen
vil sinnic und vil rederich:
von Veldeken Heinrich
der sprach uz vollen sinnen;
wie wol sanger von minnen!
wie schone er sinen sin besneit!
ich wæne, er sine wisheit
uz Pegases urspringe nam,
von dem diu wisheit elliu kam.
ine han sin selbe niht gesehen;
nu hœre ich aber die besten jehen
die, die bi sinen jaren
und sit her meister waren,

die selben gebent im einen pris:
er inpfete daz erste ris
in tiut[i]scher zungen:
da von sit este ersprungen,
von den die bluomen kamen,
da si die spæhe uz namen
der meisterlichen vünde;
und ist diu selbe künde
so witen gebreitet,
so manege wis zeleitet,
daz alle, die nu sprechent,
daz die den wunsch da brechent
von bluomen und von risen
an worten unde an wisen.
Der nahtegalen der ist vil,
von den ich nu niht sprechen wil:
sin hœrent niht ze dirre schar.
durch daz sprich ich niht anders dar,
wan daz ich iemer sprechen sol:
si kunnen alle ir ambet wol
und singent wol ze prise
ir süeze sumerwise;
ir stimme ist luter unde guot,
si gebent der werlde hohen muot
und tuont reht in dem herzen wol.
diu werlt diu wære unruoches vol
und lebete rehte als ane ir danc
wan der vil liebe vogelsanc:
der ermant vil dicke den man,
der ie ze liebe muot gewan,
beidiu liebes unde guotes
und maneger hande muotes,
der edelem herzen sanfte tuot:
ez wecket vriuntlichen muot,
hie von kumt inneclich gedanc,
so der vil liebe vogelsanc
der werlde ir liep beginnet zalen.
‚nu sprechet umb die nahtegalen!‘ –
die sint ir dinges wol bereit

und kunnen alle ir senede leit
so wol besingen unde besagen:
welhiu sol ir baniere tragen,
sit diu von Hagenouwe,
ir aller leitevrouwe
der werlde alsus geswigen ist,
diu aller dœne houbetlist
versigelt in ir zungen truoc?
von der denk ich vil unde genuoc,
(ich meine aber von ir dœnen
den süezen, den schœnen),
wa si der so vil næme,
wannen ir daz wunder kæme
so maneger wandelunge.
ich wæne, Orphees zunge,
diu alle dœne kunde,
diu dœnete uz ir munde.
sit daz man der nu niht enhat,
so gebet uns eteslichen rat!
ein sælic man der spreche dar:
wer leitet nu die lieben schar?
wer wiset diz gesinde?
ich wæne, ich si wol vinde,
diu die baniere vüeren sol:
ir meisterinne kan ez wol,
diu von der Vogelweide.
hi wie diu über heide
mit hoher stimme schellet!
waz wunders si stellet!
wie spæhes organieret!
wies ir sanc wandelieret
(ich meine aber in dem done
da her von Zytherone,
da diu gotinne Minne
gebiutet uf und inne)!
diust da ze hove kameræin:
diu sol ir leitærinne sin!
diu wiset si ze wunsche wol,
diu weiz wol, wa si suochen sol

der minnen melodie.
si unde ir cumpanie
die müezen so gesingen,
daz si ze vröuden bringen
ir truren unde ir senedez clagen:
und daz geschehe bi minen tagen!
Nu han ich rede genuoge
von guoter liute vuoge
gevüegen liuten vür geleit.
ie noch ist Tristan umbereit
ze siner swertleite.
ine weiz, wie in bereite:
der sin wil niender dar zuo;
son weiz diu zunge, waz si tuo
al eine und ane des sinnes rat,
von dem sir ambet allez hat.
waz aber in werre, in beiden,
des wil ich iuch bescheiden:
si zwei hat daz verirret,
daz tusenden wirret:
dem man, der niht wol reden kan,
kumt dem ein redericher man,
im erlischet in dem munde
daz selbe, daz er kunde.
ich wæne, mirst alsam geschehen:
ich sihe und han biz her gesehen
so manegen schone redenden man,
daz ich des niht gereden kan,
ezn dunke mich da wider ein wint,
als nu die liute redende sint:
man sprichet nu so rehte wol,
daz ich von grozem rehte sol
miner worte nemen war
und sehen, dazs also sin gevar,
als ich wolte, daz si wæren
an vremeder liute mæren
und alse ich rede geprüeven kan
an einem anderen man.

8 Heinrich von dem Türlin: „Der Âventiure Crône“.

[Um 1220]

Über: Hartmann von Aue; Reinmar den Alten; Dietmar von Aist; Heinrich von Rugge; Friedrich von Hausen; Ulrich von Gutenburg; Hug von Salza.

An einem Weihnachtsfest erscheint in der Artusrunde ein seltsamer Bote mit einem Becher, aus dem nur trinken kann, wer in der Liebe ohne Fehl ist. Gegen Ende dieser Episode kommt der Autor auf Hartmann von Aue zu sprechen und danach auch auf andere ihm bekannte Dichter:

Ob ich daz reine gesinde,
Daz mit dem Sælden kinde,
Dem künege Artûse, was,
Als ich ez vil dicke las
An Êrecke, nande,
Den von der Swâbe lande
Uns brâhte ein tihtære,
Ich weiz wol, daz es wære
Überic unde unlobelich.
Umb die rede sô hân ich
Die ungenanten genant,
Die vil lîhte unbekant
Meister Hartman wâren,
Oder er wolt bewâren
Ein valsch nâchreden dar an,
Daz lîhte tæte ein valsch man,
Als in sîn natûre lêret,
Der niht wan bœse mêret:
Daz kunde er wol bedenken.
In enmoht niht lîhte bekrenken
Ein man, der zweier zungen pflac,
Und der vil bittern nâchslac
Hinden nâch dem manne sleht
Und im vorn ab die schande tweht.
Des was er alles vollekomen.
Der got, der in uns habe genomen,
Der müezn ze ingesinde haben,
Und werde nimmer ab geschaben

Von des lebens buoche.
Der himelsche künec geruoche,
Daz er der sêle lône
Mit unverwerter krône,
Und müeze im mit alle vergeben,
Swaz er ie in disem leben
Getæte wider sîn hulde,
Wan von der werlt schulde
Geviel der sêl diu missetât.
Der der lîp gedienet hât
Mit tugent rîchem sinne,
Des himels küneginne,
Diu muoter ist unde maget,
Ze der genâden sî geklaget,
Ob der sêle iht gewerre.
Vater, sun und herre,
Guot, wîstuom und gewalt,
Got einer in der drîvalt,
Erhœr umb in, rîcher Krist,
Diu dîn tohter und dîn muoter ist
Und ein tûbe âne galle,
Daz sîn sêle iht gevalle
In deheinen tœtlîchen last,
Wan du selbe gesprochen hâst:
Swer mîn vor der werlt vergiht
Unde an mir gezwîvelt niht,
Daz selbe ime von mir geschiht.

Solich klage und ditz gebet,
Daz ich daz ie getet,
Daz sol man niht vür wunder hân,
Wan sô der reine Hartman
Mîn herze besitzet,
Sô kaltetz unde switzet
Und bristet unde krachet.
Sîn tugent mir daz machet,
Der er bî sîner zît pflac.
Owê, tœtlîcher slac,
Wie du an im hâst gesiget,

Daz er in touber molten liget,
Der ie schein in vröuden schar!
Hartman unde Reinmâr,
Swelch herze nâch werltvröuden jeit,
(Wan dar nâch ir lêre streit),
Die müezen si von schulden klagen.
Sie habent in vor getragen
Tugentbilde und werde lêre.
Swer wîbes lop unde ir êre
Sô vürder, als si tâten,
Der ist unverrâten
Von mir wider wîbes namen.
Si kunden stillen unde zamen,
Swaz von nîde valsches vlouc;
Swâ man wîbes güete belouc,
Dâ stuonden dise zwên ze wer
Wider der valschære her.
Wîbes güete, dirst geschehen,
Kundestuz ze rehte spehen,
Daz dir nie grœzer schade geschach.
Dîn lop wirt val unde swach,
Wan si valwent lîplôs,
An den diu vröude ir reht verlôs
Und wîbes vröude aller meist.
Ouch muoz ich klagen den von Eist,
Den guoten Dietmâren,
Und die andern, die dâ wâren
Ir sûl und ir brücke:
Heinrîch von Rücke,
Und von Hûsen Friderîch,
Von Guotenburc Uolrîch,
Und der reine Hûg von Salzâ.
Got der müez si setzen dâ,
Dâ ir sêle genâde habe!
Vür wâr si dirre werlde habe
Mit solher zuht bouten,
Swâ sie des ie getrouten,
Daz sie daz beste tæten,
Daz wart mit solhen stæten

Sô getân, daz dâ an in
Nie geviel Schanden gwin.
Wis in, got, als ich in bin!

Hie wil ich die rede lân
Und dâ wider heben an,
Dâ ich die âventiure lie.
Dô diu rede alsô ergie
Und die ritter über al
Getrunken, die in dem sal
Al umbe wârn gesezzen,
Daz dâ keiner wart vergezzen
Under aller dirre rote,
Wan Keiî unde der bote,
Die hielten den kopf under in,
Keiî sprach: Der êren gwin
Ist komen an uns zwên;
Wir suln ouch ze buoze stên,
Wie wir her haben gelebt.
Trinkt, her bote, unde gebt
Mir den kopf dar nâch.
Umb daz sî iu niht ze gâch,
Daz ich trinken welle,
Lieber trinkgeselle.
Wir tæten anders unreht,
Sît sô manec guot kneht
Vor uns dar ûz getrunken hât.
Sîn mac ouch wol werden rât,
Sît ez alsô muoz sîn.
Kieset, wie mîns herren wîn
Smecket unde sîn clâret.
Diu rede hovelîchen stêt,
Wan ir sîn hiute bâtet.
Daz ir sîn doch niht tâtet,
Dêswâr, daz beswæret mich.
Nu trinket ir, sô trink ouch ich.
Daz tuot ir sunder angest;
Jâ möht ir hiute langest
Âne mich getrunken haben,

Wan Tugent ist in iu begraben,
Und muoz diu Schande vürder schaben.

9 Rudolf von Ems: „*Alexander*". [Nach 1230]

Über: Heinrich von Veldeke; Hartmann von Aue; Wolfram von Eschenbach; Gottfried von Straßburg; Konrad von Heimesfurt; Wirnt von Grafenberg; Ulrich von Zazikhoven; Bligger von Steinach; Heinrich von dem Türlin; Freidank; Konrad Fleck; Absolon; Albrecht von Kemenaten; Heinrich von Lînouwe; Stricker; Wetzel; Ulrich von Türheim.

Dieser Exkurs eröffnet Buch II. Er steht zwischen der Schilderung des Todes von Alexanders Vater und der Königskrönung Alexanders.

Aller mîner meister kür
wil ich diz mære legen vür
und wil sie vlêhen und bitn
daz sie nâch meisterlîchen sitn
ir hôhe kunst mir zeigen
und diemuotlîche neigen
ir ôre ir künstec herze her
und merken wes mîn herze ger.
ich wil den werden guoten
vlêhlîche muoten
daz sie vriuntlîche war
nemn ob ich hie missevar,
daz vil lîhte muoz ergân,
wan ich mich an genomen hân
mit tumbes herzen stiure
sô rîcher âventiure,
wær gezwîvalt der sin
des ich erlâzen eines bin,
si gæb mir arbeit ze vil.
dâ von ich lêre suochen wil,
wan ich mich niht gelîchen
mac den künsterîchen.
ich ger ir aller lêre:
mîn kunst hât meister mêre

dan ir ie würde her an mich:
an kunst verstânt sie alle sich.
sinnen singen tihten,
mit rîmen sinne slihten,
des ist nû vil, es was nie mê
vor uns in allen zîten ê.
doch stât diu kunst al eine,
swie si sî gemeine,
al eine als ich iu sagen wil:
künsterîcher liute ist vil,
die doch nicht koment an daz spor
daz uns ist getreten vor
an meisterlîcher sprüche kraft
und an hôher meisterschaft.
uns ist diu kunst al eine,
swie si sî gemeine,
ir hort ist gar vereinet,
uns allen doch gemeinet.

Kunst ist uns allen wol erkant,
doch sint ir wege vil ungebant,
des uns gemeiniu volge giht,
wan niemen nû sô guotes niht
gesprechen kan, sô man dô sprach
dô man uns kunst vor belzen sach
ûf den künsterîchen stam
von dem getiht urhap nam.
von Veldeke der wîse man
der rehter rîme alrêrst began
der künsterîche Heinrich,
des stam hât wol gebreitet sich,
den uns sîn hôhiu wîsheit
z anevange hât geleit.
driu künsterîchiu bluomenrîs
hânt sich dar ûf in mange wîs
vil spæhlîche zerleitet
und bluomen ûz gespreitet.
daz eine ist sleht, süeze und guot,
des vruht den herzen sanfte tuot,

dâ ist niht wurmæziges an:
daz stiez der wîse Hartman
der künsterîche Ouwære
mit mangem süezen mære.
daz ander rîs ist drûf gezogn,
starc, in mange wîs gebogn,
wilde, guot und spæhe,
mit vremden sprüchen wæhe:
daz hât gebelzet ûf den stam
von Eschenbach her Wolfram.
mit wilden âventiuren
kund er die kunst wol stiuren,
des gap sîn âventiure
der kurzwîle stiure.

Ob ich nû prîsen wolde
als ich von rehte solde
daz dritte vollekomen rîs,
sô müeste ich sîn an künsten wîs:
dêst spæhe guot wilde reht,
sîn süeziu bluot ebensleht
wæhe reine vollekomn,
daz rîs ist eine und ûz genomn
von künsterîchen sinnen.
wie suoze ez seit von minnen!
wie süezet ez den herzen
der süezen minne smerzen!
wie güetet ez der guoten guot,
der hôchgemuoten hôhen muot!
daz stiez der wîse Gotfrit
von Strâzburc der nie valschen trit
mit valsche in sîner rede getrat.
wie ist sô ebensleht gesat
sîn vunt, sô rîch, sô sinneclich!
wie ist sô gar meisterlich
sîn Tristan! swer den ie gelas,
der mac wol hœren daz er was
ein schrôter süezer worte
und wîser sinne ein porte.

wie kunde er sô wol tihten,
getihte krümbe slihten,
prîsen beider hande lîp,
beidiu man und werdiu wip!
wie truoc im sô hôhe gunst
in tiutscher zungen rehtiu kunst!
Got im der kunst wol gunde,
daz er sî sô wol kunde.

Rîcher sinne ist vil geleit
an unser kunst mit wîsheit.
wir tihten und rîmen,
wir wænen daz wir lîmen
niuwan mit der rîme
der hôhen sinne lîme:
dar an sîn wir ein teil betrogn,
uns hât der wân dran gelogn:
wir gern daz wir ir steinen
den edeln und den reinen
gelîchen unser kunterfeit:
elliu unser arbeit
ist nû an wildiu wort gedign
diu vor uns wâren ie verswign
und selten iemer sint vernomn,
an diu wellen wir nû komn.
Noch ist der meister mêre
an den ich suoche lêre.
von Heimesvurt her Kuonrât
von Gote wol getihtet hât,
den darf riuwen niht sîn werc.
her Wirent von Grâvenberc
ist an einem mære
worden lobebære,
an dem hât sîn meisterschaft
erzeiget hôher sinne kraft.
des lâzen wîse liute jehn
die reht getihte künnen spehn!
von Zazichovn her Uolrich
sol ouch an witzen bezzern mich,

der uns daz mære und die getât
künstlîche getihtet hât
wie Lanzelet mit werdekeit
mangen hôhen prîs erstreit.
eines vundes hât gedâht
der wirt niemer vollebrâht,
von Steinach her Blickêr.
der vunt ist lôs und alsô hêr
daz aller tihtære sin
kan niemer vollebringen in,
daz ist der lôs Umbehanc.
wær er vünf tûsent ellen lanc,
man kunde in vollemâlen niht:
unz getihtes iht geschiht,
sô mac man mâlen die geschiht
als ieglich âventiure giht, –
dâ von mac des niht geschehn
daz er iht endes müge jehn.

Allr Âventiure Krône
treit ouch ir namen schône.
sî diu alsô meisterlich
sô sî ir meister Heinrich
von dem Türlîne hiez
der dirre âventiure ûf stiez
ein zil übr elliu mære,
sî disiu rede gewære,
sô lâzen wir der Krône
den namen stân vil schône.
tumpheit strâfen und spot,
die welt erkennen, minnen Got,
des lîbes und der sêle heil,
weltlîchen êren teil
in dirre welte kurzen tagn
lêrte kunstlîche bejagn
der sinnerîche Vrîdanc
dem âne valschlîchen wanc
elliu rede volge jach,
swaz er in tiutscher zungen sprach.

ein zwî der kunst gestôzen hât
her Vlec der guote Kuonrât,
daz ist ouch lobebære,
dô er beschiet diu mære
wie Flôren und Blanscheflûr
was süeze und underwîlen sûr
ir lieplich gesellescha ft
und wie der strengen minne kraft
Clîesen twanc. des rât suoch ich
swâ mîn unkunst sûmet mich.
sin uopte mîn vriunt Absolôn
an gevüeger sprüche dôn,
die sint genuoc guot und reht.
von Kemenât her Albreht
des kunst gert wîter schouwe.
her Heinrich von Lînouwe
hât ouch vil süez arbeit
an den Wallære geleit.
swenn er wil der Strickære
sô macht er guotiu mære.
Sante Margarêten lebn
hât uns gevuoge vür gegebn
mîn vriunt her Wetzel, des gihe ich.
von Türheim her Uolrich
hât als ein bescheiden man
gevuoge und wol gevangen an
ouch sô wol gendet dâz er hât
ein lop daz bî den wîsen stât,
des ich gihe und jehen sol:
sie hânt gesprochen alle wol.

Kunde mîn kunstlôser sin
komen an ein teil nâch in,
daz leider noch niht mac ergân,
wan ich niht hôher künste hân!
dâ von hân ich ir lêre
gevlêhet alsô sêre.
sie sîn lebend oder tôt, –
Got helfe in! – mir'st ir lêre nôt

daz sie mîn zwî niht werfen abe
daz ich ûf gestôzen habe
dô ich daz mære beschiet
wie vil nôtiger diet
der Guote Gêrhart lôste
von grôzem untrôste,
und wie der guote Jôsaphât
sich durch Barlââmes rât
der Gotes gnâde koufte
dô er sich Gote toufte,
und wie sich von der heidenschaft
bekêrte nâch der Gotes kraft
der guote Sant Eustachîus.
mac mîn zwî belîben sus,
sô wil ich vürbaz sprechen hie
dâ ich hie vor diz mære lie,
und wil ûz senden einen man,
ob ich in wol geprîsen kan,
des prîs sô hôhen prîs bejagt
daz vor im niemen was betagt
der solhen prîs bejagte
der hôher ie betagte.

Sus komen an daz mære!
dô der unwandelbære
künc Philippe wart geleit
nâch küneclîcher werdekeit,
die lantherren wâren dâ
und krônten ir juncherren sâ
den edeln Alexandern.
die einen und die andern
swie ir name wær genant,
swuoren im sâ zehant
mit schulden stæte sicherheit.

10 Rudolf von Ems: „*Willehalm von Orlens*". [Um 1240]

Über: Heinrich von Veldeke; Hartmann von Aue; Wolfram von Eschenbach; Gottfried von Straßburg; Bligger von Steinach;

Ulrich von Zazikhoven; Wirnt von Grafenberg; Freidank; Absolon; Konrad von Fußesbrunnen; Konrad Fleck; Heinrich von Lînouwe; Stricker; Gottfried von Hohenlohe; Albrecht von Kemenaten; Ulrich von Türheim; Meister Hesse; Vasolt.

Buch I endet mit der Geburt des Helden. Buch II setzt ein mit einem Gespräch mit Frau Aventiure. Nach dem Dichterkatalog beginnt dann die Geschichte Willehalms.

,**W**er hat mich gůter her gelesen?
Ist es ieman gewesen
Lebende in solicher wise,
Lob er mich dez mich prise
Es sig man oder wip,
Hab er so getrúwen lip,
Ane vålsche sol er mich
Lieben, das ist frúntlich,
Mit sůzer sinne stúre:
Ich bin dú Aventúre,
Diu des mit flehelichen sitten
Wil die ere gernden bitten
Das si mich niht verkeren
Unde minen maister lerin,
Der mich biz her getihtet hat,
Ane spot so wisen rat
Das er mich vollebringe,
Wan ich an in gedinge,
Sol er min vursprече wesen,
Er frume mich also gelesen
Das man fúr gůt ŏch dulde mich.
Růdolf, nu sprich du mich
Und sage der mære mere von mir,
An den bin ich givolgic dir
Nach der gewåren warhait,
Die dú walsh von mir sait!' –
,Vrŏ Aventure, sit ir das?' –
,Ja' – ,so mohtet ir wol baz
Sin an wiser lúte komin
Und besser maister han genomen,
Von Veldeg den wisen,

Der úch wol kunde prisen
Lobelichú måre,
Oder der Owåre,
Der úns Ereches getat
Und von dem leun getihtet hat,
Oder den von Eschibach,
Der wol ze maister schefte sprach
Von Parzifalis manhait,
Und wie nach hohem prise strait
Sante Wilhelmis leben,
Oder hetint úch irgeben
Maister Goetfrides kunst
Von Strasburg, hettent ir des gunst
So wol so Tristram und Ysot,
Der liep, der trúwe und ir not
Er so wol kúnde wæhin
Mit wisen worten spæhen,
Der hettis bas denne ich getan;
Oder hettint úch virlan
Den wisen Blikeren
An gůt getihte keren,
Des kunst, des wislicher rat
Den Unbehanc gemalet hat:
Der kúndú iu rehter han getan dan ich.
Von Zezichoven her Ůlrich,
Der úns tihte Lanzoleten,
Hette mich wol an iu vertretten
Und herre Wirnt von Graveberch,
Der úns vil manlichú werch
An dem Rade hat gesait
Von Wigolaises manhait;
So wurdint ir niht also cranc.
Wolde úch maister Fridanc
Getihtet han, so wårint ir
Bas vúrkomen danne an mir, –
Oder von Absolone,
Hette er úch also schône
Birihtet als dú måre
Wie der edel Stoffaere,

Der kaiser Friderich, verdarp
Und lebende hohes lop erwarp.
Hettint ir kunde gewunnen
Des von Vuozes brunnen,
So wåri ú aber bas gischehen
Danne an mir, des můs ich jehen.
Ir wårent ŏch bas vollekomen,
Hatte sich úwer an genomen
Here Flec der gůte Cůnrat,
Do er Floren getat
Und Blancheflurs berihte.
Ŏch wåre úwere getihte
Komen in besser schŏwe
Mit dem von Linŏwe,
Der Ekkennes manhait
Hat getihtet und gesait,
Das ist der Wallare.
Ŏch heti úch der Strikære
Bas danne ich berihtet,
Wold er úch han getihtet
Als Daniel vom blůnden tal.
Die werden ritter úber al
Die bi Artuses jaren
In sinem hove waren
Fúr die werdesten erkant,
Die hat wislichen genant
En Gotfrit von Hohenloch,
Der kúnde úch han gemachet hoch,
Ob er úch gerne wolde han
So wol so ieman dort getan.
Ŏch hetti úch mit wishait
Her Albreht bas denne ich gesait,
Von Keminat der wise man,
Der maisterliche tihten kan.
An den soltint ir sin komen
Ald ú ze maister han genomen
Andir wise lúte,
Die úch ze wiser tiute
Kunden bas dan ich gesagen.' –

‚Da was ich do bi den tagen
In wålsche verborgen unz nu
An dise selben zit das du
Mich begundost tihten.‘ –
‚Wan liset iuch doch rihten
Den wisen Tůrhaimare,
Der wol gůete maere
Ze maisterschefte tihten kan!
Der hat Artuse ainen man
Von Kriechen niuliche
Gesant in siniu riche
Mit so gůter spruche craft
Das ich mich der maisterschaft
Und der hohen wishait,
Die er an Clies hat gelait,
Niht gelichen wil noch ensol.
Geschiehet iu von mir niht so wol
So jenim ist von im geschehen,
Des sol man mich unschuldic sehen.‘
‚Sich, da kum ich nit an,
Swie maisterlichen er tihten kan:
Sit das du dich min hast an genomen
Und ich nu bin an dich komen,
So volfůre eht du mich!
Es ist gar unschåmelich,
Ob in gůtem můte an man
Tůt so er beste kan.‘ –
‚Nu tåte ichz, ob ich wisse
Ob mir maister Hesse
Von Strasburg de sribære
Wolde disú mare
Prisen ob si wårent gůt.‘ –
‚Ja er, binamen ja, er tůt!
Er hat beschaidenhait so vil,
Swa er tihte bessern wil,
Das er ze rehte bessern sol,
Da kumt sin úberho̊ren wol,
Wan ez besserunge holt.‘ –
‚Wil min frúnt Vasolt

Und ander merkåre,
Die wol gůte mære
Kunnent merken, tihten, sagen,
Min unkunst an iu vertragen,
So wil ich mich arbaiten
Und iuwere måre braiten.' –
,Uf ir gnade la du das
Und brinc mich aber fúrbas:
Es wåre úns baiden missetan,
Woltist du mich also lan.' –
,Vro Aventúre, so wil ich
Mit iu gerne arbaiten mich,
Das ir mit gůetlichen sitten
Gerůchent sine vrŏwen bitten
Das si dur wibes gůte
Im hôhe sin gemůte,
Der er mit ståtem můte,
Mit libe und ŏch mit gůte
Wil iemer dienen siniu zil,
Durch den ich úch tihtin wil,
Und manent si der werdekait
Die Got hat an si gelait
Also lobeliche,
Das si in frôden riche
Und das si siner ståte
Durch ir tugende raete
Ze gůete an im gedenke,
Das ist der werde schenke,
Der hoh gemůte Cůnrat
Von Winterstetten, der mich hat
Gebetten durch den willen sin
Das ich durch in die sinne min
Ærbaite und úch tihte
In rehter rime rihte.
Das wil ich gerne tůn durch in,
Wan sin gemůet und ŏch sin sin
Und aller siner tugende rat
Gar nach der welte prise stat;
Da von dunket er mich wert,

Des er hat an mich gigert,
Das ich es gerne durch in tů.
Die rede lassint! griffen zů
Der rehten aventure hie
Wie es dem clainen kinde ergie!

11 Hugo von Trimberg: „*Der Renner*". [Vollendet 1300]

Über: Otto von Botenlauben; Heinrich von Morungen; Schenk von Limburg; von Windesbecke; Gottfried von Neifen; Herrand von Wildonie; von Brunecke; Walther von der Vogelweide; Reinmar den Alten; Peterlîn; Marner; Konrad von Würzburg; – Vergil; M. Tullius Cicero; Lucan; Juvenal; Persius; Macrobius; Boethius; Ovid; Statius; Sallust; Horaz; Terenz; Seneca.

Im Registrum Michaels de Leone zum Renner ist dieses Kapitel überschrieben:

Uon den hoftuschern vnd auch der bősen herren vntugentlichen reten vnd da bi von den alten singern vnd tihtern mangerley.

Smeicher, löter, bregeler
Sint des tiufels swegeler,
Die tumme herren alsô betoubent
Daz si der êren in geloubent
Und der tugent, diu nie wart wâr.
Sprêche einer, wir hêten güldîn hâr
Und nême sich an, er wölte ez bewêrn,
Doch sölte wir wizzen wer wir wêrn.
Wol im, er ist ein sêlic man,
Der selber sich wol bekennen kan!
Wizzet daz valsche lecheler
Sint des tiufels hecheler,
Die pfaffen und leien und hôhe fürsten
Hecheln künnen und ouch bürsten
Und dar zuo mit affen salben
Sô gar durch smirwen allenthalben,
Daz si wênent si sîn die,
Die si nimmer werdent und wurden nie.
Triuwe, zuht und wârheit,

Dêmuot, scham, einveltikeit,
Kiusche und mâze sint vertriben
Ze hofe und an ir stat sint beliben
Liegen, triegen, ribaldîe,
Loterfuor und buoberîe,
Unkust, unzuht, leckerschimpfen,
Trinken, slinden, nasen rimpfen,
Luoder, spil, diube und spot,
Lützel ahten ûf got,
Ûf die sêle und ûf den tôt,
Ûf den tiufel und ûf die nôt
Diu immer wert und immer
Je grimmer und ie grimmer:
Swelhe herren nu hânt sôgetân site,
Den sôgetân gesinde volget mite,
Die mügen wol vallen in den dorn,
Si sîn swach oder hôchgeborn.
Ein schœne juncfrouwen ich selten spür
Ze hofe, diu wîlent ofte her vür
Frœlich mit iren gespiln gienge
Und hôher fürsten geste enpfienge
Und irre herren êre bewarte
Und niht vor frumen gesten sparte,
Die bœsen rât den herren werten
Und ordenlich ir guot verzerten:
Diu was Bescheidenheit genant
Und fuorte Wârheit an der hant,
Triuwe und Barmherzikeit,
Dêmuot und rehte Einveltikeit.
Diu ist leider nu verdrungen
Bî den alten und bî den jungen
Mit irn gespiln: daz sî geklaget
Dir, herre, dem kein unreht behaget!
Gîtikeit, luoder und unkiusche,
Muotwille und unzimlich getiusche
Habent manige herren alsô besezzen,
Daz si der wîse gar hânt vergezzen
In der hie vor edel herren sungen:
Von Botenloube und von Môrungen.

Von Limburc und von Windesbecke,
Von Nîfen, Wildonie und von Brûnecke,
Her Walther von der Vogelweide:
Swer des vergêze der tête mir leide:
Alein er wêre niht rîch des guotes,
Doch was er rîch sinniges muotes.
Her Reimâr und her Peterlîn
Mügen dirre genôz an sinne wol sîn;
Des selben wil ich dem Marner jehen.
Swer meister Cuonrâden hât gesehen
Von Wirzeburc oder sîn getihte,
Der sezte in wol ze dirre pflihte,
Wenne er volget ir aller spor:
Doch rennet in allen der Marner vor,
Der lustic tiutsch und schœne latîn,
Alsam frischen brunnen und starken wîn
Gemischet hât in süezem gedœne.
Meister Cuonrât ist an worten schœne,
Diu er gar verre hât gewehselt
Und von latîn alsô gedrehselt,
Daz lützel leien si vernement:
An tiutschen buochen diu niht zement.
Swer tihten wil, der tihte alsô
Daz weder ze nider noch ze hô
Sînes sinnes flüge daz mittel halten,
Sô wirt er wert beide jungen und alten.
Swaz der mensche niht verstêt,
Trâge ez im in diu ôren gêt:
Des hœre ich manigen tôren vernihten
Meister Cuonrâdes meisterlîchez tihten,
Ich hœre aber sîn getihte selten
Wol gelêrte pfaffen schelten.
Swer gar sich flîzet an seltsên rîm,
Der wil ouch, sînes sinnes lîm
Ûzen an schœnen worten klebe
Und lützel nutzes dâr inne swebe.
Alsô sint bekant durch tiutschiu lant
Êrec, Îwan und Tristrant,
Künic Ruother und her Parcifâl,

Wigalois, der grôzen schal
Hât bejaget und hôhen prîs:
Swer des geloubt, der ist unwîs.
Swer reden und ouch swîgen kan
Ze rehte, der ist ein wîse man.
Mit sünden er sîn houbet toubt
Swer tihtet, des man niht geloubt.
Swer noch der wîsen lêre behielte,
Maniger tugent und witze er wielte.
Namhafter singer ist nu lützel.
Man siht etwenne, daz ein frisch stützel
Lange einen dornzûn ûf heltet:
Als ist ouch dem, swer noch beheltet
Der vor genanten singer dœne
Und ir getihte reine und schœne:
Der vindet tugent, zuht und êre,
Hübscheit der werlde und ouch die lêre,
Von der sîn leben wirt genême
Und selten ieman widerzême:
Wenne si den haltent an zühten wider,
Der von im selber schier viel nider.
Wîlent ein guot gewonheit was,
Als ich vür wâr geschriben las,
Daz nieman wart ze künige erkorn,
Swie rîch er was, swie hôchgeborn,
Er könde der siben frîen künste
Sô vil, daz in mit frîer günste
Die fürsten ûz andern herren schelten
Und in durch sîne kunst erwelten.
Mit den drîn künigen ich daz erziuge
Von Kölen daz ich niht enliuge,
Die von künsten in verren landen
Vor andern sternen den stern erkanden,
Der si geleite in jüdisch lant,
Dâ unser herre in wart bekant.
Des nam sich tiefes tihtens an
Manic hôchgeborn rœmisch man
Und ander herren in andern landen,
Die tugent und êre an künsten erkanden:

Als her Nûma Pompîlius,
Mecenas und Virgîlius,
Keiser Jûlius und Octaviân,
Scipio, Tullius und Lucân,
Her Juvenâl und her Perseus,
Macrôbius und Boecius,
Ovîdius und her Stâcius,
Salustius und Orâcius,
Terencius und her Senecâ,
Manic wîs man dâ und anderswâ,
Die zühthalp und ouch grôzer künste
Von rîcher und armer liute günste
Alle wol keiser wêrn gewesen,
Ob si sô lange wêrn genesen.
Ir namen hât kunst und zuht für brâht,
Daz ir ze guote wirt gedâht:
Sô maniger fürsten wirt vergezzen,
Der herze untugent hât besezzen.
Und merkten landes herren eben,
Waz got in êren hêt gegeben
An bürgen, an steten, an liuten, an lande,
An ezzen, an trinken, an schœnem gewande,
An wilde, an zam, an schœnen pferden,
An maniger leie wunne ûf erden,
Si minneten in von herzen grunde
Und bêten ouch ze aller stunde,
Daz sîn güete in gerüechte geben
Nâch disen êren daz êwige leben:
Nu twinget si sô manic sorge,
Ê dirre vergelte, jener ûz borge,
Daz gotes liebe schier wirt vergezzen,
Sô si mit sorgen sint besezzen.
Und hât ein man zwei kindelîn
Oder sus ein klein gesindelîn,
Der mac ân sorge niht gesîn,
Wie er des jâres sîn köstelîn
Zesamen bringe und sich erner:
Dâ denne ein herre ein michel her
Gesindes ûf im ligende hât!

Wie sol des sorge wesen rât?
Vil manic mensche ir jâres geniuzet,
Manigen irs lebens ouch verdriuzet.
Diu lant doch ofte nâch in verderbent,
Swâ sêlige landes herren sterbent.
Nu müeze sich got über si erbarmen
Durch sîn güete, und über uns armen.

12 Der Marner: „Lebt von der vogelweide . . .“ [Um 1260]

Über: Walther von der Vogelweide; Rudolf von Fenis; Heinrich von Rugge; Reinmar den Alten; Reinmar von Zweter (?); Heinrich von Veldeke; Wachsmut; Rubin; Neidhart.

Lebt vō d^{s} vogelweide.
noh min meist^{s} h^{s} walth^{s}.
d^{s} venis d^{s} vō rugge zwene reimar.
heinrich d^{s} veldegg^{s}e wahsmv̊t rubin nithart.
die svngē vō d^{s} heide.
vō dē mīne w^{s}den her.
vō dē vogeln wie die blv̊mē sint gevar.
sāges meist^{s} lebent noh si sint in todes vart.
die totē mit dē totē die lebēdē mit dē lebēden sin.
ich vord^{s}te ze gezúge.
vō heinb^{v}g dē h^{s}ren min.
dē sint rede wort rime ī sprúchē kvnt.
dc ich mit sange niemā trúge.
lihte vinde ich einē vunt.
den si vundē hant die vor mir sint gewesen.
ich mv̊s vs ir gartē vn̄ ir sprúchē blv̊mē lesen.

13 Der von Gliers: „Kund ich mit fuoge mînen muot . . .“ [13. Jh.]

Über: Ulrich von Gutenburg; Otto zum Turne; Heinrich von Rugge; Hartmann von Aue; Rudolf von Rotenburg; Friedrich von Hausen.

Kund ich mit fuoge mînen muot
gezeigen nâch dem willen gar,

sô spræche ich daz mir leide tuot
mîn frouwe, diu doch leides bar
belîbet iemer: sist sô guot,
sine wirt niemer truobe var.
Wie solde ein alse sælic wîp
gewinnen iemer herzesêr!
wan nennet sî doch leitvertrîp.
sist alles wunsches gar sô hêr,
daz man si erkennetz beste wîp:
waz wil diu liebe lobes mêr?
Ir hulden gert swes herze stât
hôhe nâch der besten ger:
sî êrt den prîs, der wirde hât,
sist aller rehten frœden wer.
swer aber valsches iht begât,
daz wil sî daz er der enber.
Wie solde ein ungefüeger man
mit frouwen iht gemeines hân,
dekeinre die diu erde treit?
michels baz wirt im verseit
dér hulde, diu niht arges kan
noch wanken muot noch nie gewan.
Diu tugent in ir gewurzet hât,
dar ûz ein stam der güete gât:
den esten ist ir êre glîch,
diu bluost ir zuht vil wunneclîch;
daz loup ist gar ir lobes pîn,
ir minne muoz der apfel sîn.
Sold ich des boumes meister sîn,
ich wær iemer al der werlte wert.
ouch weiz ich daz diu frouwe mîn
zürnet daz ich hân sô hô gegert.
ouch sol diu guote sich entstân
und sol mich des geniezen lân:
ich wolde eht amme schaten sîn,
der apfel wirdet niemer mîn.
Sô tumber sinne wart ich nie,
daz ich alse hôhe wæge mich.
ich bin dâ her gewesen ie,

daz nie man unhôher dûhte sich.
wie solde ich danne ir minne gern?
ir muoz weizgot des enbern,
der des besten lônes wert
wænet sîn und hôhe gert.
Wil des diu guote mînen eit
oder mîn gerihte, swie sî wil,
des bin ich ir vil bereit.
got der weiz wol mîner schulden zil,
gedanc wort unde der getât.
ir êre mir sô nâhe gât,
ê sî von mir wurde rôt,
ich wolde selbe mir den tôt.
Unzwîvenlîchen spriche ich daz,
swanne ich mîner frouwen haz
erkenne rehte wider mich,
sô sol diu werlt versinnen sich
daz sî gedenke der sêle mîn:
mîns lebens mac niht mêre sîn.
Ich sturbe gerner (dêst ein nôt:
ir liebe mir alsô gebôt)
dann ich daz rîche solde hân
und aber ir hulde müese lân.
in wolde niht ein keiser sîn:
sô liep ist mir diu frouwe mîn.
Nu frâget menger wie mîn sin
gesetzet habe der sorgen buoz,
sît ich sô nidertrehtic bin
daz ich ir minne enberen muoz,
od welhen lôn ich süle gevân,
des ich sô grôzen kumber hân,
oder wie ez müge ergân,
daz ez êre sî getân.
Des wold ich geswigen hân
und swige ouch noch, und lieze er mich.
mîn vrouwe wol gedenken kan
(si entstât sô menger êren sich),
wie ez umb mich alsô gevar,
wirt eht sî an mir gewar

daz ich dienen ir getar,
si enlât mich niht ir lônes bar:
Des doch vil lîhte mac gesîn.
ich næme ir minneclîchen gruoz
für menger werden frouwen pîn,
die man doch hôhe nemmen muoz.
swie mir daz herze habe gegâht,
mir ist aller lôn versmâht,
er enwerde von ir brâht,
der mir ze frouwen ist gedâht.
Dien bite ich nihtes wan ir wort:
sô habe ich alles lônes hort,
nochn ger von ir niht anders mê.
ertrinken müeze er ûf dem sê,
der mîniu wort sô merken wil,
des mîner frouwen wær ze vil.
Wan sol niht alse kündic sîn:
und ob ein lôser vâre mîn,
dâ wider sol ein guoter man
sich selben in den zühten hân,
daz er daz heize niwan guot,
swaz man von rehter liebe tuot.
Owê daz ich vil tumber man
sô vil von lône hân geseit
unde niht gesprechen kan
nâch ir vil grôzen werdekeit!
sî ist sô vollekomen gar,
daz ich belîbe sinne bar
und ich gesprechen nien getar.
Lebte der von Guotenburc,
von Turn, von Rugge Heinrich,
von Ouwe und der von Rôtenburc,
dâ bî von Hûsen Friderich:
die enkunden ûf ir eit
gezellen niht ir sælekeit,
die doch mîn frouwe alleine treit.
Daz wân alse guote man,
daz man an leichen ir genôz
niemermêr gevinden kan:

ir kunst was âne mâze grôz.
doch enkundens alle niht
mîn frouwen lobes hân beriht,
von der ze sprechen mir geschiht.

Ich spræche ir gerne, kunde ich, wol:
den willen habe sî für vol.
swâ ich ir niht geloben kan,
dâ ist diu zunge unschuldic an.
mir bristet leider an der kunst,
doch hât sî mînem lîbe gunst.
Sô wol dir, herze, daz du dich
sô hôhe wigest unde mich,
sît ich an dienst betwungen bin,
daz du den lîp und ouch den sin
betwingest daz siu sint bereit
der besten, die diu erde treit.

Frouwe sælic unde guot,
sît dir diu werlt des besten giht,
sô trœste mînen swæren muot,
der gar an frœden ist ein wiht;
got dir sô vil ze guote tuot,
swer dich des jâres einest siht,
der ist vor valsche gar behuot
und aller wandelbærre geschiht.
Hey dîn spilnder ougen glast,
dîn rôte sendebernder munt,
dîn gar süezer minnen last
tuont mich alsô sêre wunt,
daz ich wæn aller frœden gast
iemer bin: mîn ungesunt
gelîchet eime, der ein ast
muoste bûwen zaller stunt.
Owê senelîchiu nôt,
wie du mich frœden hâst behert!
Grâlant, den man gar versôt,
wart nie grœzer nôt beschert,
dan mir, ich wæne, ân mînen tôt.
ouch hât ir liebe mir verspert
hügen ûf die bluomen rôt

und anderr frouwen minne erwert.
Wirt mir niht guot von ir getân,
sô sîn die andern frî verlân:
ichn ahte niht ûf elliu wîp.
waz sol mir rîcheit unde lîp?
ez muoz an ir genâden sîn
der tôt und ouch daz leben mîn.
Swer ie von minnen nôt gewan,
der sol mit mir die klage hân.
swâ brinnet mîns gebûren want,
dâ fürhte ich schaden sâ zehant:
dar an gedenken die dir sîn
und sorgen umb die sorge mîn.

14 Herman der Damen: „Ich sitze tiefe in sorgen wage ...“
[1280/1300]

Über: Reinmar; Walther von der Vogelweide; Rubin; Neidhart; Friedrich von Sonnenburg; Marner; Heinrich von Ofterdingen; Wolfram von Eschenbach; Klingsor von Ungarland; Meißner; Konrad von Würzburg.

Ich sitze tiefe in sorgen wage
des muoz ich sorge trîben.
ouch irret mich vil manig tzage
der mit kîben
mich vûrtrîben wil.
Swaz guotes ich gesingen kan
unde guotes tichten,
daz wollen der schanden dienestman
gar irnichten,
daz erret mich sô vil.
Ôwê der ist kleine,
die rechter meister kunst
wirden nâch iren wirde,
wen kunst hat gotes gunst.
hievûr dô was recht meistersanc
in al der werlt genême,
dô er bî rîchen kuningen ranc:

widertzême,
dunct mir, daz er nû sî.

Reimar, Walter, Robîn, Nîthart,
Vriderîch der Sûnenburgêre,
dise alle sint in tôdes vart:
âne swêre,
gebe got, daz sie dort leben!
Der Marner der ist ouch von hin
und der von Oftertingen:
dise alle heten wîsen sin
of daz singen,
des ist in prîs gegeben.
Wolveram und Klinsor
genant von Ungerlant,
diser tzwîer tichte
ist meisterlîch irkant.
der Mîsner und meister Conrât,
die tzwêne sint nû die besten.
ir sanc gemezzen und ebene stât;
kunden, gesten
ist her nâch prîse geweben.

15 Regenbogen (?): „Die meister habent wol gesungen ...“ [Um 1320]

Über: Frauenlob; Klingsor; Wolfram von Eschenbach; Ehrenbote; Marner; Boppe; Konrad von Würzburg.

Die meister habent wol gesungen,
her Frouwenlop Klingsôr und der von Eschenbach.
der Êrenbote was künste rîch,
den edeln Marner wil ich iemer prîsen.
An künsten ist in wol gelungen.
der starke Boppe manigen hôhen sin durchbrach.
wâ vint man iergen ir gelîch?
ich mein Kuonrât von Wirzeburc den wîsen.
Wan ir gesanc gar ebene stât,
den habent sie mit künsten wol gemezzen.

swenn er ûz sînem munde gât,
dar wart daz er der rîme iht vergezze.
und wil er danne ein singer sîn,
daz ist niht kindes spil.
swer den gesanc gar ebene merken wil,
die kriuze und daz gereite wol,
verborgen rîme, wie die sint gestalt,
nu hœrent wie er singen sol:
die silben durch die rîme sint gezalt.
er hüet sich vor eqwivocâ
und bringe gesanc ûf ein gemezzen zil.
füert er unrehte kunst dar în,
ich aht sîn niht swer valsch gesinget vil.

16 Konrad von Fußesbrunnen: „Die Kindheit Jesu“.

[Vor 1200]

Über: Meister Heinrich.

Im Prolog bittet der Dichter, der sich von seinem früheren weltlichen Sinn lossagt, um göttlichen Beistand für seine Dichtung und kommt dann auf das Werk eines Dichters Heinrich zu sprechen, der die Vorgeschichte zu dem von ihm gewählten Thema dargestellt habe:

Daz ich ze sagen hete gedâht,
des was ein teil her für brâht
mit tiuschem getihte,
sô daz ichs ze mîner phlihte
deheine wîs niht mohte entwesen.
swer ie gehôrt oder hât gelesen
von unser frouwen ein liet,
dâ meister Heinrîch an beschiet
umbe ir muoter sant Annen,
wie sî von drin mannen
drî edel tohter gebar
volkomen aller tugende gar;
diu frouwe hâte vernomen,
daz von ir einer solde komen
– daz sît an ir bewæret ist –

unser herre Jêsus Christ,
unt diu Marîâ hieze.
man saget, daz sî sie lieze
nennen alle drîe
gelîches namen Marîe.
er bescheidet uns mêre
von der meide hêre
wie sî zem templo wart gezogen,
dâ künege unde herzogen
und ander edle herren
nâhen unde verren
ir tohter bâten lêren
swaz ze zühten und ze êren
unt ze wîbes tugende gezôch,
diu reine nie von danne geflôch,
si gevienge sîn daz beste teil.
want si hête daz heil
und von gote die sinne,
daz sî ir meisterinne
umbe ir unzuht nie gesluoc:
si was ôt sælic genuoc.
wie ez sît dar zuo kam,
daz si Jôsêben genam,
daz verswîge ich hie durch einen list,
want ez vor mir getihtet ist:
ich velschet mîne kunst dar an,
swelch matêrje ein ander man
den liuten hât gemachet kunt,
wold ich die tihten ander stunt,
unt wære ouch ze lenge.
ein buoch heizt daz Anegenge:
swer des mæres irre gât
der suoch ez dar an wand ez dâ stât.

17 Rudolf von Ems: „Alexander". [Nach 1230]

Über: Berthold von Herbolzheim; den Pfaffen Lamprecht; Biterolf.

Nach der Aufzählung der Herrscher des Perserreiches vor Alexander (zu Beginn des 5. Buches) kommt Rudolf auf andere Darstellungen des Alexanderromans zu sprechen. Danach wird der Aufbruch Alexanders zu weiteren Heereszügen erzählt:

Al dize grôzen hêrschaft
diu mit manger sunderkraft
sich hâte krefteclîche
geteilet in diu rîche,
erstreit Alexanders hant. –
durch waz ich habe die genant
die dô die rîchsten wâren
vor Alexanders jâren?
daz wil ich iu sagen hie:
vor im wart deheiner nie
sô kreftec gar noch lange sît
als er was bî sîner zît.
dâ von bedorft ich des wol
ob ich diz buoch berihten sol,
daz ich besinnet wære baz:
kranke sinne sint sie laz,
den sint von im diu mære
ze lanc, ze starc, ze swære,
als ich iu wil bewæren:
ze lanc ist an den mæren
disiu âventiure
ân guoter sinne stiure,
ze starc an dem getihte
wie man sî berihte,
ze swære: den verdriezen wil
swenne si kumt an daz zil.

Des hân ich gar verwegen mich,
und ist daz genuoc tumplich
wan sô manec wîse man
vor mir sich hât genomen an
ze tihtenne diu mære.

dem edelen Zäringære
tihtes durch sîner hulde solt
von Herbolzheim her Berhtolt,
der hât als ein bescheiden man
gevuoge und wol gesprochen dran
und tet bescheidenlîche erkant
daz er von im geschriben vant.
doch hât er getihtet niht
des diu histôrje von im giht,
daz der zehende möhte wesn
des ich von ime hân gelesn.
ez hât ouch nâch den alten sitn
stumpflîche, niht wol besnitn
ein Lampreht getihtet,
von welsch in tiutsch berihtet
und hât ouch niht gar geseit
von im die rehten wârheit.

Ein vruot her Biterolf der hât
ouch durch sîner vuoge rât
getiht ein neizwaz mære
von dem wîsen wunderære
als mir ist von im geseit.
dêstwâr, des ist mir niht leit:
ob des sprüche als ebene gânt
als ebene sîniu liet stânt,
sô sol er wol vollevarn
und die wârheit dran bewarn
daz er von im iht anders jehe
wan daz er geschriben sehe:
swâ diu mære spellent sich,
dâ sol er hœren, des bit ich,
und dienez iemer ûf mîn zil!
wan ich in tiutscher zungen wil
ein urhap dirre mære wesn:
als ich die wârheit hân gelesn,
vert ez, als ich hân gedâht,
sît ich hân zesamene brâht
allez daz diu schrift uns seit

mit ungelogener wârheit
endehafter mære
von dem wîsen wunderære.
ist abr iemen vür mich komn
und hât sich des an genomn
daz er diu mære tihte
nâch der histôrje rihte
als ich sî gelesen hân,
dem wil ich diu mære lân:
hât er verrèr und baz
dan ich gesprochen – âne haz
lâze ich im diu mære,
sint sie gánz ùnd gewære.
habes aber niemen sich
underwunden, sô lât mich
gedienen werder liute gruoz
den ich wil und dienen muoz,
und vernemet von mir hie
wie ez dem wunderære ergie!

18 Rudolf von Ems: „Willehalm von Orlens". [Um 1240]

Über: Ulrich von Türheim; Walther von der Vogelweide.

Bei der Schilderung der Minnequalen Willehalms beruft sich Rudolf auf zwei literarische Gewährsleute:

Der minne kraft an im began
So wahsen und sich meren
Das er began verkeren
Alle sine sinne
Und im die strenge minne
Benam mit gesellschaft
Aller siner frôden kraft.
Sin sin an minne sinnete,
Der minnen minne er minnete
Gar an der valsches frien,
Der schônen Amelýen;
Von der trûc er minnen last,

Des was si siner frŏden gast,
Siner liebú ain sendes lait,
Siner senfte unsenftekait,
An ungůt sines gůtes,
Ain unmůt sines můtes,
Ain ungunst sines herzen ger,
Sines unwillen an wer,
Ain versagen sender bette,
Siner sinne ain gewette,
Wan er wart ir niemer fri
Si wår im zallen ziten bi
Mit ståteclicher herzen gir.
So er ie ferrer fůr von ir,
So sich ir minne ie naher twanc
In sines herzen gedanc.
Sin grŏstes liep im geschach,
Das was so er si an sach.
Sin hŏhstes lait was ir versagen,
Swenne er lait begunde clagen,
Das si in danne vehete
Swen er in gůete flehete,
Und das si stille bi im saz
Die wil er der bette vergas,
Und zehant von im gie
Do er die bete ane vie.
Sus lert die minne vlehen,
Minnen unde vehen,
Trŏsten und untrŏsten.
Die besten und die bŏsten
Minnent alle minne, –
Mit ungelichem sinne:
Das sůze wort minne
Hat in frŏmede sinne
In månige wis getalet sich,
Das hat min frúnt her Ůlrich
Von Turham mit wishait
An Clies wislich gesait.
Das sol man lesen! da stat an
Was dú minne wunders kan

An mannen und an wiben
Ůeben unde triben
Die an ståte minne
Wendent gar ir sinne.
Dú minne ist ain senftes wort,
Dem herzen ain unsenfter hort,
Ain frődebåres herzelait,
Ain lihtiu swerende arebait,
Ain wetůndes herze liep,
Ain unbescholtenr stelender diep,
Ain lihtes ungemůte,
Weltlicher gůte
Ain wunnebernder anevanc.
Der minne ist de hain gedanc
So veste der ir wider ste.
Minne tůt wol und we,
Das stat gar an ir gewalt.
In mången dingen månegvalt
Ist ir gewalteclichú kraft
In månger hande maisterschaft.

Das wart an Wilhelmen schin,
Fůr das er sinen grossen pin
Machete siner vrőwen kunt,
Do begund er alle stunt
An hohgemůte sigen,
An ungemůte stigen;
Swie doch in hohem můte
Sin můt gen tugenden blůte,
Er lait in sinem sinne
Nach ir werden minne
Also herzecliches ser
Das aller siner sinne ker
Von allen wiben kerte
Unz an si dú in serte.
Dú was die er da mainde,
Si aine an ime verainde
In sinem herze aine,
Mit aines můtes maine

Mainde er si fúr alle wip.
Ir minne, ir minnebernder lip,
Ir schône, ir kintlich gůte
Twanc im sin hohgemůte
Alse sere das nie wip
Betwanc so sere kindes lip
So minneclicher arebait.
Er lait in siner kinthait
Von minnen also strenge not
Das sú die minne nie gebot
Mit so wetunder minne
In so kintlichem sinne.
Alsus lebt er, das ist war,
Dar nach vil nahe wol ain jar
Das er nie kunde endrinnen
Mit herzen noch mit sinnen,
Mit libe noch mit gůte,
Von der minnen hůte.
Er můste ie sere minnen
Und nach ir minne brinnen
Diu im sin gemůte
Hate mit ir gůte
Betwungen und die sinne.

Nu sagent an, vro Minne,
Was wiset ir so lihter craft
Das ir iuwer maisterscaft
Besůchen an so cranker jugent,
Das ir dem kinde kindes tugent
Mit sôlchen sorgen cranchtent
Und vrôd in sorgen wanchtent,
Und das ir uf sin århbeit
Iuch sůndent mit der Kinthait
Das si ú wart gehorsaim?
Nu sint ir doch an andern gram,
Vro Minne, und ôch dú Kinthait,
Als úns maister Walther sait
Von der Vogelwaide,
Der sanch das ir baide

Warent gar an ander gram:
Nu wart si ú gehorsam
Uf Wilhelmes swåre.
Ist ú das lobebåre
Das ir uf sinen ungewin
Úch sůndent frúntlich uf in?
Nain es, zwair, des wan ich,
Es wais ain tail ze vientlich
Das ir im ainem wonent bi
Und si liessent sorgen vri.
Durch úwers namen werdechait
Ringent im sin årbait
Oder gebent im bessern můt,
Durch úwer sålechait das tůt!

19 Ulrich von Türheim: „Rennewart". [Um 1250]

Über: Wolfram von Eschenbach.

Aus dem Prolog: Nach dem Trinitätspreis verweist der Dichter auf eine Anregerin seines Werkes (141) und sein literarisches Vorbild:

Des beginnes ich hie beginne,
daz ich den hie so gespreche
daz ez die sůnde breche.
sprach ich ie daz gelogen was,
daz man doch leider gerne las,
wan ez gezoch sich gein der welte,
herre, mit disem gelte
wil ich die lůge bůzen
und wilz mit worten sůzen,
daz nie tůtshe bezzer wart.
sit daz dir nihsnit ist verspart,
so erkenne, herre Adonay,
daz ditz getihte din dienst si;
herre, des gewer mich!
hie mit wil ich eren dich
und den werden markis
der ervohten hat daz paradys

in manigem strite herte:
den ungelauben er werte,
ich mein sancte Willehalmen.
also war so einen salmen
sůlt ir dise rede han!
ez ist ein warheit sunder wan,
daz ich ane missewende
diz bůch wil bringen zu ende,
daz ich mihs nymmer wil geshamen.
sus heb ich an in gotes namen
und ouch durch ein gůtes wip,
diu mit eren hat ir lip
gebeitet shone und wol.
gote und ir ich dienen sol,
daz iz ane shame belibe.
dem selben gůten wibe
fůr alle wip ich gůtes gan.
ich missetåte gar dar an
ob ich nit gerne tæte
swes diu gůte mich gebæte.
mit bete sie also an mich kam
daz minen triwen nit gezam
ob iz verzigen ir hæte.
min triwe ist gein ir stæte
und můz daz ymmer wesen.

Swer sines getihtes hat gelesen
daz der wise Wolfram do sprach
(man nante in von Eshenbach.
ez waz sůze und meisterlich),
ich von Tůrheim Ůlrich
mit vorhten mich dar binde
daz ich mich underwinde
dar er gestecket hat sin zil.
dar umme ich doch nit lazen wil,
es enwerde volle tihtet.
er hat uns dar berihtet
(daz ist gnugen wol bekant)
‚sus rumte er Provenzalen lant‘.

Mit zahlreichem Gefolge kommt Rennewart mit seinem Schwager Willehalm von Orense an den Hof des Königs Loys, um dessen Tochter Alyse er wirbt:

Nu stůnt uf dem palas
ein michel her von vrawen,
die wolten gerne shawen
alle Rennewartes shône.
der reine, sůze, unhône
was so wol gar geshônet
daz sin shône wůrde gekrônet
von mir vil sůze und wol.
wizzet, wa von ich ez miden sol:
ein man sin shône shonte,
des lop gar ůber donte
swer getihtes ie gepflac.
sin lop fůr uns alle wac,
der dehein bůch gemachet hat.
ich bin der des niht lat,
ich sage wie er ist genant:
sin lop vor uz an den zenkin bant
der was geheizen W o l f r a m.
swa in lobes hin gezam,
hey, wie sůze er daz sprach!
man nante in von E s h e n b a c h.

Nu wil ich mich des bewegen,
niht vil der bi rede pflegen.
der rede wirt mir doch zuvil.
ob ich die warheit sagen wil,
ich bedôrft alrerst der sinne
daz ich sagte wie minne minne
enpfienc und vil sůze grůzte.
Alyse diu wol gesůzte
sůhte vaste mit den augen
ir herze liep vil taugen.

Willehalm bittet Rennewart, der sich in ein Kloster zurückgezogen hat, ihm gegen dessen Vater, den Sarazenenkönig Terramer, beizustehen. Der Abt des Klosters erlaubt es ihm. Daraufhin meldet sich der Dichter zu Wort:

Ich enweiz wa ich die kunst nim,
der mir vil not doch wære.
ez werdent wildiu mære
diu ich nu erst můz tihten.
min kunst diu sol sich pflihten
zu mines hertzen sinne.
ich vuͤrhte daz mir zerrinne
der kůnste e der stunde.
swie wol ich tihten kunde,
des bedorft ich nie so wol:
ob ich diu lant iu nennen sol,
dar zu der lande herren gar
die beidentalben komen dar,
des můz ich haben arbeit.
daz ihz lieze ungeseit,
daz wær also gůt getan,
wan daz ihz so verre han
getihtet: ob ihz nu lieze,
ich wæne, daz shande hieze.

Nu hoͦret der mære hort
und manig wol gesprochen wort
von minnen und von rittershaft!
von rittern kam nie groͦzer kraft
zu samne in keime lande mer
danne die brahte Terramer.
er fůrte manigen degen,
die sich getorsten wol bewegen
des libes durch des prises tat.
wie manigen kůnc der atmirat
brahte, der was also gnůg
daz kume sie daz mer getrůg.
wie fůr da der kůnc Loys?
durch Willehelmen den markys
da braht er nah die kunge gar

der zungen namen des taufes war.
ich wil sie lazen ungenant,
biz daz ich iu tůn bekant,
mit vræuden sunder leide
wie man die fůrsten beide
da zu Orense enpfieng.
Kyburg gein ir brůder gieng
und sprach: ‚wis gote willekomen!
von diner kunft ist mir benomen
swaz ich leides ie gepflag.
ich gelebte nie so lieben tag
so daz ich dich gesehen han.'
ez wart nie so lieber grůz getan
von zwein geswisteriden.
Kyburg die můste miden
sorge und herzeliche not:
Rennewartes kůnft ir daz gebot.

Hey, kůnsterícher Wolfram!
daz nit dem sůzen got gezam,
do er nit langer solte leben,
daz mir wær sin kunst gegeben,
so wær ich ane angest gar:
ich wolte benennen die grozen shar
wan braht zu beiden siten,
daz nie man gesach kein striten,
daz wær so rehte ritterlich.
ich von Turheim Ulrich
wőlte niht er sin gewesen.
er ist tot und ich genesen.
da von wil ich versůchen,
ob min kunst des welle růchen,
sit ich pflige des er da pflag.

Schlußbetrachtung nach Willehalms Tod: Der Heilige Willehalm wird als Beistand der Ritter gepriesen:

Wizzet daz sande Willehalm
erkennet gedanke und galm.
swer in mit truwen minnet,
von siner hilfe der gewinnet
vil selden und vil eren.
swer hin zu dem reinen heren
uf gnade durch hilfe vert,
sin reine gute dem beschert
vil gnaden hin zu gote.
er ist gerne der ritter bote.
dicke siner gnaden trost
manigen ritter hat er erlost
von vil engestlicher not.
zu gotes fuzzen er sich bot
und bat daz in gezeme
und von der not in neme
da mit er bevangen was.
swer sine hystorien ie gelas,
der weiz wol, daz den reinen
kunde got so meinen
daz er manic zeichen tet durch in.
sol daz sagen gar min sin,
so wurde daz buch gar zu lanc.
den zwein vil wol gelanc
zu der sele dort, zu dem libe hie.
got manne baz gelonte nie
denne er im hat getan.
sin lop niht hoher mac gegan:
er tet waz dem prise zam.

Von Eschenbach her Wolfram
und ich von Turkeim Ulrich
han sin warez lop vil rich
mit worten geseit so vil
daz ez mizzet fůr daz zil:
der maniger bi im lebte

und ir pris vil hohe swebte.
wie kunde im gelingen baz
wan daz er daz paradys besaz
mit furstenlichen eren?
got muzze uns alle leren,
daz wir sine hulde gewinnen
e wir scheiden von hinnen:
des helf uns, sand Willehalm,
und erhore minen galm,
und erkenne die arbeit
die ich han an ditz buch geleit,
dir zu dienste, herre min.
nu tu mir dine hilfe schin,
daz miner sele werde rat.
daz ich bin sin hant getat,
daz sol sin gůte erkennen
und mich da hin benennen
da wonent die da sint genesen,
und daz ich bi im muzze wesen,
so sie der engel wise
hin zu dem paradyse:
des hilf mir, reiner markis,
sit du so liep gote sis.
des ruche mich geniezzen lan
da ich pfant noch burgen han.

Hie hat ditz buch ein ende.
ditz buch zu boten ich sende
an sie die ez horen oder lesen,
daz sie mir bitende wesen
der sele heiles hin zu gote,
so mir kůmt des todes bote,
daz sine gute des gezeme
daz er mich in sin riche neme.
der gemachet hat Adamen
der geruche uns geben sin amen.

20 Konrad von Würzburg: „Das Herzmaere“.

[2. Hälfte 13. Jh.]

Über: Gottfried von Straßburg.

Ich prüeve in mîme sinne
daz lûterlîchiu minne
der werlte ist worden wilde.
dar umb sô sulen bilde
ritter unde frouwen
an disem mære schouwen,
wand ez von ganzer liebe seit.
des bringet uns gewisheit
von Strâzburc meister Gotfrit:
swer ûf der wâren minne trit
wil eben setzen sînen fuoz,
daz er benamen hœren muoz
sagen unde singen
von herzeclichen dingen,
diu ê wâren den geschehen
die sich dâ hæten undersehen
mit minneclichen ougen.
diu rede ist âne lougen:
er minnet iemer deste baz
swer von minnen etewaz
hœret singen oder lesen.
dar umbe wil ich flîzec wesen
daz ich diz schœne mære
mit rede alsô bewære
daz man dar ane kiesen müge
ein bilde daz der minne tüge,
diu lûter unde reine
sol sîn vor allem meine.

21 Konrad von Würzburg: „Die goldene Schmiede“.

[2. Hälfte 13. Jh.]

Über: Gottfried von Straßburg.

Konrad beginnt die Dichtung mit einer Klage über seine geringen Kräfte, Maria zu loben:

Vrow, alles guotes überguot,
und aller sælden houbetschatz,
dâ von dir mîner worte satz
vil ungemæze ist harte.
der künste meijen garte
ist leider mir ze wilde,
dar inne ich lobes bilde
dir, vrowe, solde würken.
zer zeswen und zer lürken
hende bin ich ungewert
bluomen, der mîn herze gert
ze dîner wirde kranze.
von liehter sinne glanze
wirde ich niht gemüejet.
der wilde rîm niht blüejet
vor mîncs herzen ougen,
noch klinget vür mich tougen
der klâren vünde bechelîn:
weizgot ich sihe niht dar în
wie sanft ez allez rûschen gê.
ich sitze ouch niht ûf grüenem klê
von süezer rede touwes naz,
dâ wirdeclichen ûffe saz
von Strâzburc meister Gotfrit,
der als ein wæher houbetsmit
guldîn getihte worhte.
der het, ân alle vorhte,
dich gerüemet, vrowe, baz
denn ich, vil reinez tugentvaz,
immer künne dich getuon.
ich muoz der türteltûben huon
zuo opfer bringen âne golt:

dâ von dû, vrowe, enpfâhen solt
den guoten willen vür diu werc.
lâ mich, an witzen ein getwerc,
loufen ûf der sprüche wisen,
dâ der vil hôhen künste risen
dîn lop nû brechent alle.

22 Ulrich von dem Türlin: „Willehalm". [1260/70]

Über: Wolfram von Eschenbach.

Die voraufgehenden drei Abschnitte enthalten Lobpreisungen Christi. Am Schluß des dritten Abschnittes nennt sich der Dichter.

IV Hân ich nû kunst, die wil ich zeigen,
die mîn herze vil eigen-
lîchen hât beslozzen
der welt gar ungenozzen,
durch dis buoches angenge,
des mâterî uns vil enge
her Wolfram hât betiutet:
diu wirt nû baz beliutet.
daz sprich ich niht umbe daz.
daz munt ie gespreche baz;
ir sult ez anderweit verstên:
wie ez von êrste muost ergên,
wer der grâve was von Naribôn,
wie er durch tôdes gelt ze lôn
enterbet sîniu werden kint,
war si kômen und wie ouch sint
wart gevangen der Accurnois,
und wie diu küngin de Arebois
mit im entran und wart getouft,
und wie tiur er sît ir minn kouft,
des Alitschanz wart bluotes var.
daz hât her Wolfram bescheiden gar,
wie liep durch lieb hie dolte nôt,
waz klârer ougen wurden rôt
in jâmer hie durch liebes leide.

ein herzeleit si jagte beide
cristen und ouch die heiden.
der beider liebe minnweiden
bant hie sorgenrîchez pfat.
diu minn saget hie dur minn mat,
der minn durchfremt nie minn getât.

23 Der Pleier: „Meleranz“. [2. Hälfte 13. Jh.]

Über: Hartmann von Aue; Wolfram von Eschenbach.

Der Eingang enthält eine laudatio temporis acti und eine Klage über die gegenwärtige schlechte Verwendung des Reichtums.

Nu hœrt ein frömdez mære.
daz hât der Pleiære
von welschem getihtet,
in tiutschen sin gerihtet
mit rîmen als er beste kan.
lebet noch her Hartman
von Ouwe, der kunde baz
getihten, daz lâz ich ân haz,
und von Eschenbach her Wolfram:
gên sîner künste bin ich lam
die er het bî sînen tagen.
doch wil ich iu ein mære sagen
von Artûs dem künic hêr.
bî sînen zîten lebte er
mit êren alsô schône,
daz nie houbet under crône
in sô grôzen êren wart gesehen.
des muoz man mit der wârheit jehen,
wan iu dicke ist vil geseit
von des künges wirdekeit,
waz er êren begie.
sîn gelîch der wart nie
gesehen in allen landen.
sîn hôher prîs vor schanden
was wol mit wirdekeit behuot:
nâch êren sô ranc ie sîn muot.

24 Konrad von Stoffeln: „Gauriel von Muntabel“.

[2. Hälfte 13. Jh.]

Über: Gottfried von Straßburg; Hartmann von Aue; Wolfram von Eschenbach.

Prolog.

Mich hât ein jâmer dar zuo brâht
daz ich der rede hân gedâht
die man uns von den alten seit,
der tugent noch die krône treit.
man prüevet sô der alten tugent,
daz mir grûset abe der jugent
vil dicke, sô ich hœren muoz
von edeler jugent unedelen gruoz.
man phliget nû maneger hande schimph
daz wîlent was ein ungelimph
dô triwe unt êre krône truoc
ob allen dingen. nû ist gnuoc
geseit an disem mære.
bîspil sie sint ze swære
ze sagen, swâ man sich dâ bî
niht bezzert; lâze wir sie vrî
unt grîfe wir daz mære an
dar umbe ich der rede began.
Ez hete der künec Artûs
hie vor ze Karidôle hûs.
daz stuont, als ir wol hât vernomen,
daz niemen kan ze ende komen:
swer iht dâ geruochte
der vant daz er suochte,
wan dâ was guoter knehte kraft,
die ir von getihtes meisterschaft
alle wol erkennet,
swâ man der keinen nennet.
meister Gotfrit und hêr Hartman
von Eschenbach hêr Wolfram
die hânt ius kunt getân.
des sule wirs ungenant lân
belîben unde sage wir daz
des iegelicher vergaz,

von einem ritter alsô guot,
daz mir daz ungemach tuot
daz keiner sîn gedâhte
unt er sô manegen brâhte
ze nôt der durch manheit
ûz nâch âventiure reit.

25 Ulrich von Etzenbach: „Alexander“. [Um 1290]

Über: Wolfram von Eschenbach; Walther von Châtillon.

Das Werk beginnt mit einer Lobpreisung Gottes; darauf folgt ein Sündenbekenntnis:

Mîn herze mit sünden ist verwunt.
ob daz durch mînen unwerden munt
von dir iht gesprechen kan,
daz solt du âne zürnen lân.
ûf dîne genâde ez geschiht,
dar umbe lâ michs engelten niht,
ich lige in sünden begraben tief.
mit kiuscher zuht dich umbeswief
einer reinen meide wammc:
sie wart dîn muoter und dîn amme
von des engels worte,
daz unser unsælde stôrte.
wol uns daz dich des luste,
daz von ir süezen bruste
werder spîse genôz dîn munt:
dâ von uns allen fröide enstunt
und der êwige zorn
ûf uns alle wart verkorn,
den uns Êvâ brâhte.
wol uns daz sies gedâhte.
dâ von wir armen dâ zuo tugen
daz wir dir sippe jehen mugen.
dîn geburt, dîn marter uns hât erlôst.
wir haben ouch von dem toufe trôst.
sît uns dîn güete alsus kan fröuwen,

waz mac der tîvel uns gedröuwen?
an sinnen hêrre rîche
mich armen Uolrîche,
ich bin genant von Eschenbach.
waz her Wolfram ie gesprach
daz ist von guotem sinne geschehen.
des müezen wir im alle jehen,
leien munt gesprach nie baz.
ob ich kan, ich kunde iu daz.

Der engel lieht, dîns vater wort,
wâ wir dich haben überhôrt,
dâ solt du niht gedenken an:
du solt uns des geniezen lân,
daz du mensche durch uns würde.
du ringe uns sünden bürde.
durch daz dich hêrre des gezam,
daz dîn güete an sich nam
durch uns menschlîchen tôt,
behüet uns vor der helle nôt
und lâz dîne grôze pîn
an uns niht verlorn sîn.

Du vater der, die dich gebar,
nim unser helflîchen war.
lâz uns geniezen, hêrre mîn,
daz wir nâch dir genamet sîn:
du heizest Crist, dâ von wir cristen.
behüet uns vor des tîvels listen,
der ûf uns sêre phlihtet
und unsern schaden tihtet,
wie er dir uns an gewinne.
gip, hêrre, uns die sinne
daz wir im alsô widerstreben,
daz wir verdienen daz êwege leben.

Wolt ez den liuten wol behagen,
ich wolt in gerne ein wênic sagen.
Walther ein meister was genant,

in kriechisch er geschriben vant
in der krônik ein teil alder geschihte,
in latîne er uns die tihte:
wie daz dar zuo kam
daz der stier den sic nam
und wie er dar zuo wart erkorn
daz er dem wider brach sîn horn.
wil mich got lâzen leben,
ruocht er mir sîne hilfe geben,
sô wil ich iu ze diute sagen
von dem biderben und dem zagen
und wie sich von êrste huop die nôt,
dar umbe mange bliben tôt,
und wie manec herze flôch
von vröide und sich ze jâmer zôch,
ir verliesen und ir gewinnen.
nû hœrt der rede beginnen.

2. Buch: Die Stelle ist eingeschoben zwischen die Schilderung der Einnahme der Stadt Anchina in Kappadokien durch Alexander und den Entschluß des Darius, gegen Alexander zu ziehen:

Alexander die sînen sande.
daz lant man roubte und brande,
dem volc sie haz erzeigten,
tôt sie manegen neigten.
als in der junge hete geboten,
man sach die luft von viure roten:
lützel liute dâ genas.
der lande fürste bî Darîô was,
dem er sich ze helfe bôt,
die wîl sîn volc dâ heime leit nôt.
alsô der junge die lant betwanc,
des herze ie nâch prîse ranc.
einez ich kiesen wolde,
daz der werde Wolfram solde
von Eschenbach noch bî mir leben:
wolt er mir lêre stiure geben,
sô müeste mir gelingen

und moht ouch baz volbringen
die rede, die ich hân erhaben,
solt er mîn sinnel mit sinnen laben,
daz an mir ist unkreftic gar.
daz ich diz mær geuoben tar,
daz tuon ich durch werde liute,
den ich mich ze dienst erbiute.
den bœsen sol ez sîn verswigen,
der herze sich tugende haben verzigen.
Des morgens dô der tac erschein,
Alexander wart in ein
er wolt gerihte gegen Darîô varn.
er hete betwungen mit cleinen scharn
Cilicôn und ander lant
hielt nû gewalteclich sîn hant
von dem mer biz al dar,
von dan er nam der reise war.
die wart im nû vil herte.
er muoste durch ungeverte,
im wurden die stîge enge
von gebirge grôz gedrenge.
durch manegen vinstern walt
der unverzagte an manheit balt
(als mir die âventiure seit)
des tages wol drîzec mîle reit:
alsô gegen strîte stunt sîn ger,
des ist her Walther mîn wer.

26 Ulrich von Etzenbach: „Alexander". [Um 1290]

Über: Wolfram von Eschenbach.

Ende des ersten Buches:

Daz êrste buoch ein ende hât.
solt mir her Wolfram geben rât
und helfe, der bedörft ich nuo.
ich wil dem andern grîfen zuo,
dâ mir sinne sîn bereit.

Ende des zweiten Buches:

Daz ander buoch ein ende hât,
alrêrst mir arbeit zuo gât.
wie daz mîn sinne betrüeben kan,
daz den süezen werden man
von Eschenbach her Wolfram
der tôt alsô bî zîte nam.
solt er noch bî uns genesen
und dirre mære tihter wesen,
sie hete sîn süezer sin volbrâht
vil baz dann ich habe erdâht.
sîner helfe und râtes dörft ich nuo.
waz welt aber ir daz ich nû tuo?
sît wir des werden müezen enbern,
lât iuch mîn kranckez sinnel wern
dirre mære und fremder sage.
ich bite daz ez iu wol behage.
nemt den willen vür die tât,
der mich iu dienstes niht erlât.

3. Buch: Nach der Niederlage des Darius nimmt sich Alexander der verlassenen Königinnen im Gefolge des Darius an:

Alexander hete gerant
dâ er die küniginne vant
mit frouwen jâmers rîche
dem wunsche doch gelîche.
swie er sie funde in jâmers nôt,
sie truogen doch mündel rôt.
jâ wær er tôdes vil wol wert,
der dâ niht küssens hæte gegert,
ob ez im mohte sîn geschehen.
mir hât die âventiure verjehen
daz ir liehten wengel clâr
des herzen regen begüzze gar.
her Wolfram, unde lebt ir noch,
vil gerne ich iuwer lêre joch
in mînem sinne trüege,
dâ von ouch ich gefüege

kunde setzen mîne wort.
ich hoffe daz iu des himels hort
umbe manger süezer worte galm
von Orans sante Wilhalm
vor gote habe erworben.
ist iu der lîp erstorben,
jâ mugt ir dort vil gerner wesen,
wann daz ir hie noch solt genesen.
sant Wilhalm mac wol helfe wern.
nû sul ouch wir mit flîze gern
daz uns vor helle frîe
gotes muoter, magt Marîe,
die uns ze helfe ist erkorn.
ez hât vil gar der sünden dorn
gewurzelt in daz herze mîn
dâ von ich verweiset bin
gegen irm kinde guoter dinge.
ir süeze mich wider bringe:
sie mac wol helfe geben mir
und den die helfe getrûwen ir.

27 Ulrich von Etzenbach: „Alexander". [Um 1290]

Über: Ulrich von dem Türlin.

Ende des sechsten Buches:

Als ich rehte mich verstê
des sehsten buoches ist niht mê.
Meister Uolrîch vom Türlîn,
daz iuwer kunst nû wære mîn,
sô wolt ich den werden sagen
und sie mit triuwen lêren clagen
alsô grôz ungemach,
daz gar ân alle schult geschach
an dem tugende nie gebrast,
der truoc rehter triuwen last,
der nie dehein untât begie,
den aller unprîs verlie,

der was alles valsches eine,
des helfe ie was gemeine
allen den, die sie suochten
und sîner gâbe ruochten;
den gap er als ein keiser sol
geben und hielt die sînen wol
gar in wirdiclîchem site.
alle tugent fuor im mite
und volget im biz in sîn grap
und der tôt ein ende gap
des edlen keisers leben.
nû müeze uns got geben
allen gelîche
sîn êwigez rîche!

28 Ulrich von Etzenbach: „Wilhelm von Wenden“.

[1290/1300]

Über: Wolfram von Eschenbach.

Der Dichter vergleicht die Herzogin Bene, die Gemahlin Wilhelms, mit der Königin Guta von Böhmen, der Gemahlin des Böhmenkönigs Wenzel II., und fährt dann fort:

Bêheim ich bescheide alsus:
‚bê‘ – daz diutet ‚beatus‘,
– ‚heim‘ ‚domus‘ oder ‚mansiô‘.
daz sprichet ouch ze diute sô:
ein eigen hûs od wonunge.
eiâ süezer vürste junge,
ich schrîbe dich in mîn herze sus:
künic Wenzelabe vom sælgen hûs
oder vom sælgen lande.
alsô dîn wirde erkande
ich Uolrîch von Etzenbach.
her Wolfram von Eschenbach
wær der bî iuwern zîten,
gehœhen und gewîten
iuwer wirde kunde er baz,
als er ze hôhem fluge maz
den lantgrâven von Dürngen Herman.

doch wol ich iu des selben gan.
iuwer wirde sol des glouben mir,
mir geviel nie vürste baz dan ir.

29 Heinrich von Freiberg: „Tristan“. [Um 1300]

Über: Gottfried von Straßburg.

Prolog.

Wâ nu rîcher künste hort,
wâ schœne rede, wâ blüende wort,
wâ vünde fîolîn gevar,
wâ sprüche sam die rôsen clâr,
wâ sinnic satz, wâ vündic sin?
der aller ich ein weise bin.
getichtes des gar spêhen,
des rîchen und des wêhen
bin ich ein erbelôser man,
und hab mich doch genumen an
zu volbringene diz mêr,
daz sô blüende hât unz her
mit schœner rede betichtet
und meisterlîch berichtet
sîn herre, meister Gotfrit
von Strâzburc, der sô mangen snit
spêhen unde rîchen
schône unde meisterlîchen
nâch durnechtiges meisters siten
ûz blüendem sinne hât gesniten,
und hât sô rîcher rede cleit
disem sinne an geleit.
dise materien er hât
gesprenzet in sô lichte wât,
daz ich zwîvele dar an,
ob ich indert vinden kan
in mînes sinnes gehüge
rede, die wol stênde tüge
bî disen sprüchen guldîn.
nu muge wir nicht gehaben sîn:
got unser schöpfer daz gebôt,

daz in genumen hât der tôt
hie von dirre brœden werlt.
wol geblüemet und wol geberlt
ist sîner blüenden vünde kranz,
vil reine, lûter unde glanz
ist sîner rîcher künste hort.
die tôten mit den tôten dort,
die lebnden mit den lebnden hie!
sint daz er diz buoch vorlie
und sîn nicht hât voltichtet
und tichtende berichtet
mit dem getichte sînen,
dem reinen und dem fînen,
sô hân ich mich genumen an,
ich tummer künstenlôser man,
daz ich ez volbringen wil
mit rede unz an daz jâmerzil,
daz Tristan und die blunde Îsôt
in glüender minne lâgen tôt,
ob er mich lât sô lange leben,
der lîp und leben mir hât gegeben.

30 Johann von Würzburg: „Wilhelm von Österreich". [1314]
Über: Gottfried von Straßburg.

Der jugendliche Wilhelm von Österreich, der sich in der Fremde Ryal nennt, und Aglye, die Tochter König Agrants von Zyzya, können sich ihre Neigung nur noch in Briefen gestehen, die sie sich mit einem Ball zuspielen:

Wart kain hertz ie so frůt,
so vrie und so hochgemůt,
als Ryals hertze was,
do er daz brievelin gelas
daz im Aglye
sant, sin amye,
sůzzer wort vol geschriben?
er gedaht: ,ob nu beliben
ungedanket disiu wort

diu ich von disem brieve hort
und von der rainen jungen,
so soͦlt mir die zungen
erlemen wol paralisis!
und wær mir daz hertz unwis,
sit sich diu raine hat enbart
gein mir so sůzzer wort zart?
uz minem willen niht ein har!
awe zarter maister clar,
genender Strazburger,
Goͦtfrid ein gůt tihter!
het ich die sinne din,
untz ich der vrawen min
gesait danck an dirre stunt
der sůzzen wort diu ir munt
mir sant an einem brief geschriben!
doch wil ich ir mit engen siben
ze dienst min getihte reden,
swa diu wort grob keden,
daz die bliben in dem sibe.
sid ich nu gern rain schribe,
dar zů mir, Minne, stiure gip!
wirt ez ze grob durch daz sip,
ich riter ez durch den bůtel.
so liep ist mir min trůtel
daz ich im gern saite danc
daz miniu lait sint worden cranc
und mir ist jamers vil vertriben.‘
damit wart der brief geschriben
und aber in den bal genæt:
der wart geworfen mit getæt
in schimpfe dar der vrien,
siner trut amyen.

31 Johann von Würzburg: „Wilhelm von Österreich". [1314]

Über: Wolfram von Eschenbach; Rudolf von Ems.

Am Hof der Königin von Kandia findet ein großes Turnier zwischen christlichen und heidnischen Rittern statt. Nach der Beschreibung der christlichen Teilnehmer wird Wolfram beschworen:

Ach, du werder Wolfran
von Eschenbach, besinter man,
moht dich min sin erlangen!
Gardiviasses strangen
hastu so wol geblůmet
mit richait daz dich růmet
min sin die wil er sinne hat.
was hoher ritterlicher tat
begie Tschionatulander,
ainer noch der ander
hat nie von wibe baz getan
ân der gewirt Osterman,
des dise abentůr sin.
swaz grozer triwe ie wart schin
dem Grahart von Sygunen,
der kůsch gehiuren brunen
der steckt wol hie gelichiu zil!
diu geert Agly auch niht wil
sich ůber Sygunen loben:
doch scholt ir lop billich oben,
swaz wibes namen ie getrůc
nach rehten triwen, doch genůc
hat ir Sygun auch getan:
swaz ie geschach durch kainen man
an liеplicher gesellеschaft,
daz hat an ir des todes kraft
erzaigt, des hat si min lop
ymmer, swie daz ez si grop.
Du werder Eschenbacher,
la dins getihtes wiger
durch mines herzen stad gan!
ich main die sinne die ich han,

die sint gar ungelenkik:
niht lenger wil ich wenkik
an der abentůr sin.
die hochgefůrsten Sarrazin
ze lange hant gehalten.
nu her, lazzens walten
Got und grifens aber an!
nu dar! tů her! swer ie gewan
můt ze turniern,
der hŏr hie die ziern
haiden ritterlichen scharn!
wie si kamen uzgevarn,
daz sage ich iu, ob ich ez kan.
fůmfzic kůnge lobsan
in ir rotten warn,
die man sach alle gebarn
nach getæten werdeclichen.
von Alexandri den richen
sach man in der ersten schar,
ain banier rich sne wiz gevar
an ainer hohen stangen flog,
durch daz sich ain wurm bog
in bellen nach des wapens kri:
der wurm het můler dri,
die gnaisten sam die funken,
swerz sach, den můst bedunken
daz der wurm lebt:
swenne der wint zerstrebt
daz banier, so wart er sin vol.
mit werder ritterschaft do wol
was behůt der selbe wurm.
er was nie in kainen sturm
komen von der richait sin:
niwen glast der banier schin
gab, dar inne der wurm lag. –
der andern schar do pflag
ain kůnc rich und hoch,
des gewalt do ůber zoch
fůmfzehn kůnge in siner schar:

des banier was smaragden var,
gerutiert dar inne lag
gestain, daz niht swær wag,
der luft sin wol gewæltic was.
ez glantzet als ain spiegel glas.
ain schranc nach rubins varwe
von spitzen durchgie garwe.
enmitten drinn ain bilde lac,
ez was so rich daz ich niht mac
sin richait hie gemezzen;
doch wil ich niht vergezzen
wer sin herre wær:
der riche kůnc ahtbær
was geslæhtes Soladin,
daz best tail der erd ist sin,
er ist der sunnen kint genant
in tůtscher sprache, wart mir bekant.

14604a Y ritterliches tichten
Vnd kund ich dich berichten
c So wol von Turnierens spil
Als von ains Růdolf der vil
e Hat getichtet dis vnd gens
In wildehelm von orlens
g Doch gib ich den willen dar
Wie myn sin ist kunste bar.

32 Der Taler: „In klage niht bluomen noch den klê . . .“
[2. Hälfte 13. Jh.]

Über: Gottfried von Neifen.

I In klage niht bluomen noch den klê:
si koment ze meien aber als ê.
mir tuot ein ander swære wê.
ich wil al der welte klagen:
mich hiez ein frouwe ein currît tragen
an blôzer hût, wil ich iu sagen,
ein jâr, und ouch ân ezzen sîn

den einen tac: mîn fröuwelîn
verbôt mir wazzer unde wîn.

II Nu ich hân geleistet ir gebot,
nu bin ich leider aber ir spot.
lânt iuchz erbarmen, herre got.
daz mîn diu schœne niht enwil
und si mich effet alse vil,
daz ist mir noch ein kindes spil.
der Nîfer lobt die frouwen sîn,
in rœselehtez mündelîn:
sô singent alle ir tugende schrîn.

III Dâ hânt si guotiu kleider an:
sô sint si deste baz getân:
sô muoz mîn liep in vetzen gân.
der mirz nu schiede ûf lieben wân,
sô hancte ich ir ein schürliz an,
wolt si sam mir in schochen gân.
ir stât ir rôter munt sô wol:
sît mich nu der verderben sol,
wan wære er swerzer danne ein kol!

33 Heinrich von Meißen, genannt Frauenlob: „Auf Otto, grafen von Ravensberc“. [Um 1300]

Über: Herman der Damen.

In sunnenvarwez lop ein grâve ist gekleit,
den schirm er treit
des krisemes unt der toufe.
ûz der schanden troufe
viel im nie tropfe an sînen lîp. swâ erz vint ze koufe,
daz im zen êren nuzlich ist, daz mac im niht ze tiure.
Diu Sælde ir balsam streich an sînen werden lîp:
Unsælde blîp,
du maht bî im niht schaffen;
segen der hôhen pfaffen
von kindes jugent in nie vermeit. lügelîchez klaffen
von disem lobe gesundert ist. diu hôhe gotes stiure

Wibt ez in mîner witze hamen,
daz ich in nennen muoz bî namen.
sîn êren samen
die schande lamen
tuot. künd ich baz Herman der Damen
ein lobes vaz mit sange amen:
grâv Otte wær sîn wirdic wol von Ravensberc der gehiure.

34 In: „Moriz von Craûn". [Um 1190]

Über: Heinrich von Veldeke.

Nach dem Turnier wird Moriz durch eine Dienerin der umworbenen Dame in eine Kemenate gebeten, in welcher das beschriebene Bett (V. 1110ff.) steht:

Die federn waren gůt genůg./
das Tyer daz die pelge trůg./
das ist Alfurt genant./
der kůnig von Maroch hat ein lant./
das liget verr im See.
da fahet mans/ vnd nÿnndert mec.
Das ist geheÿsset/ kartago.
vnd bewaret es fraw Dido./
da die haubt waren hingekeert.
da/ was ye höher gemeret.
mit einem/ phullm seÿden.
das pette mocht wol/ pesser sein.
so kan aber ich nicht gesa-/gen bas.
wann lat es sein als das.
an/ seiner gůete geleich.
das von Veldegke/ maister Hainreich.
machte hart/ schone.
dem kůnig Salomone.
da Er/ auf lag vnd slief.
darÿnne Venüs/ anrůeff.
bis daz Sÿ jn erwackte.
mit/ Jrem pogen Sÿ jn erschrackte.
Sÿ schos/ jn an sein hertze.
daz jn derselbe schmertze./

drucket bis an sein ennde.
Ermůsse mir/ gebende.
wie weÿss so Er wåre.
Sy mach-/et Jn witze låre.
disem man was lůtzl/ bas.
der beÿ der Junckfrawen sass./
heimlich vnd auch fremde.
Grass/ vnd auch semede.
was gestreůt auf/ den Estrich.
da wanketen Sÿ mit rede/ sich./

35 Herbort von Fritzlar: „Liet von Troye". [Um 1200]

Über: Heinrich von Veldeke.

Nach dem Fall Trojas wird Aeneas von benachbarten Fürsten an der Flucht gehindert. Er bittet Diomedes, der auf Grund falscher Anschuldigungen von seiner Frau verbannt worden war, um Hilfe. Nachdem sie die Feinde besiegt haben, brechen sie ins Land des Diomedes auf:

Diz mere hin zv crichē schal
Ez vernam frowe egial
Hern diomedes wip
Sie dachte e sie lant vñ lip
Vō ir zweier mach verlore
Sie wolde daz bewarē vore
Des sante si botē in engein
Sie dachte sie mochte in zwein
Nicht vor gesitzē
Des wart ez mit witzē
Wol zv samne getribē
Daz er vñ sie mit gnadē blibē
Sus gwan er sin lant wider
Eneas vur dānoch sider
Manigē tac vur sich
Vō veldiche meister heinrich
Hat an sime buche gelart
Von eneas vart
Wa er vñ die sinē hin kartē
Sie blibē zv Lampartē.

36 Wolfram von Eschenbach: „Parzival". [1200/10]

Über: Hartmann von Aue.

Buch III: Parzival bricht beim Fischer auf, um an den Hof des Königs Artus zu eilen.

143 Des tages er kûme erbeite.
der wirt ouch sich bereite
und lief im vor, der knappe nâch
reit: dô was in beiden gâch.
mîn hêr Hartmann von Ouwe,
frou Ginovêr iwer frouwe
und iwer hêrre der künc Artûs,
den kumt ein mîn gast ze hûs.
bitet hüeten sîn vor spotte.
ern ist gîge noch diu rotte:
si sulen ein ander gampel nemn:
des lâzen sich durch zuht gezemn.
anders iwer frouwe Enîde
unt ir muoter Karsnafîde
144 werdent durch die mül gezücket
unde ir lop gebrücket.
sol ich den munt mit spotte zern,
ich wil mînen friunt mit spotte wern.
dô kom der vischære
und ouch der knappe mære
einer houptstat sô nâhen,
aldâ si Nantes sâhen.
dô sprach er 'kint, got hüete dîn.
nu sich, dort soltu rîten în.'

37 Wolfram von Eschenbach: „Parzival". [1200/10]

Über: Heinrich von Veldeke.

Buch VI: Blutstropfenepisode. Apostrophierung der Frau Minne:

292 Frou minne, sît ir habt gewalt,
daz ir die jugent sus machet alt,

dar man doch zelt vil kurziu jâr,
iwer werc sint hâlscharlîcher vâr.
disiu rede enzæme keinem man,
wan der nie trôst von iu gewan.
het ir mir geholfen baz,
mîn lop wær gein iu niht sô laz.
ir habt mir mangel vor gezilt
und mîner ougen ecke alsô verspilt
daz ich iu niht getrûwen mac.
mîn nôt iuch ie vil ringe wac.
doch sît ir mir ze wol geborn,
daz gein iu mîn kranker zorn
immer solde bringen wort.
iwer druc hât sô strengen ort,
ir ladet ûf herze swæren soum.
hêr Heinrich von Veldeke sînen boum
mit kunst gein iwerm arde maz:
het er uns dô bescheiden baz
wie man iuch süle behalten!
er hât her dan gespalten
wie man iuch sol erwerben.
von tumpheit muoz verderben
maneges tôren hôher funt.
was od wirt mir daz noch kunt,
daz wîze ich iu, frou minne.
ir sît slôz ob dem sinne.
ezen hilfet gein iu schilt noch swert,
snell ors, hôch purc mit türnen wert:
293 ir sît gewaldec ob der wer.
bêde ûf erde unt in dem mer
waz entrinnet iwerm kriege,
ez flieze oder fliege?

Buch VIII: Nachdem Gawan den König Vergulaht bei der Falkenbeize getroffen hat, wird er von diesem an den Hof zu Ascalun zu dessen Schwester Antikonie vorausgeschickt:

404 Ûf den hof dort für den palas reit
Gâwân gein der gesellekeit,
als in der künec sande,

der sich selben an im schande.
ein ritter, der in brâhte dar,
in fuorte dâ saz wol gevar
Antikonîe de künegin.
sol wîplich êre sîn gewin,
des koufes het si vil gepflegn
und alles valsches sich bewegn:
dâ mite ir kiusche prîs erwarp.
ôwê daz sô fruo erstarp
von Veldeke der wîse man!
der kunde se baz gelobet hân.

38 Wolfram von Eschenbach: „Willehalm". [Um 1215]

Über: Heinrich von Veldeke.

Buch II: Nach der Niederlage bei Alischanz stößt Willehalm auf seiner Flucht nach Oransche mit zwei feindlichen Königen zusammen:

76 Von den reit dô fürbaz
der marcrâve ûf niwen haz
gein zwein künegen hôh gemuot.
daz wâren rîter als guot,
gein strîte rehte flinse.
gein eime swærem zinse
die helde bêde lâgen,
die maneges prîses pflâgen.
der eine von Liwes Nugruns
der werde künec Tenebruns,
und Arofel von Persyâ,
die lâgn ir hers al eine dâ,
der Gyburge veter was.
ist in dem meien towec gras
geblüemet durch den süezen luft,
dise zwên durh prîs und durh ir guft
wârn baz geflôrieret
und alsô gezimieret
daz es diu minne hête prîs.
sold ich gar in allen wîs

von ir zimierde sagen,
sô müese ich mînen meister klagen,
von Veldek: der kundez baz.
der wære der witze ouch niht sô laz,
er nand iu baz denne al mîn sin,
wie des iewedern friwendin
mit spæcheit an si leite kost.
si gâhten ze ors ûf durch die tjost.

39 Wolfram von Eschenbach: „Willehalm". [Um 1215]

Über: Walther von der Vogelweide.

Buch VI: Während der Waffenruhe in Oransche:

285 Den kochen was daz vor gesagt,
daz wære bereit, sô ez tagt,
vil spîse, swer die wolte,
und daz ieslîch fürste solte
enbîzen ûf dem palas.
durh daz vil manic kezzel was
über starkiu fiwer gehangen.
dâ wart ein dinc begangen,
286 deis dem küchenmeister was ze vil.
der warp als i'u nu sagen wil.
Er nam ein glüendigen brant,
und gienc vil rehte gein der want
da er Rennewarten slâfen sach.
von alsô smæhlîchem gemach
dorft in niemen scheiden dan.
der koch besanct im sîne gran,
und verbrant ims mundes ouch ein teil.
sîn lôsheit warp im unheil.
dem er sus stôrte sînen slâf,
der bant im, sam er wær ein schâf,
elliu vieriu an ein bant,
unde warf in al zehant
undr einen kezzl in grôzen rôst:
sus wart er lebens dâ erlôst.

ern hiez ûf in niht salzes holn,
er rach übr in brend unde koln.
hêr Vogelweid von bràten sanc:
dirre brâte was dick unde lanc:
ez hete sîn frouwe dran genuoc,
der er sô holdez herze ie truoc.
Rennewart al eine dort beleip:
grôz angest d'andern von im treip.
si vorhtn, diu zeche gienge an sie:
dort vlôh ein koch, der ander hie.
si luogeten durch die want dar în,
und hôrten wie die grane sîn
Rennewart der junge klagete,
und waz er al klagende sagete.

40 Wolfram von Eschenbach: „Willehalm“. [Um 1215]

Über: Neidhart.

Buch VI: Festmahl vor der zweiten Schlacht von Alischanz:

312 Dô des schimpfes was genuoc,
den fürsten man daz wazzer truoc,
und maneger vrouwen wol gevar,
dar zuo den werden rîtern gar.
ieslîcher saz an sîne stat.
Heimrîch dô Rennewarten bat
zer küneginne sitzen dort
ûfen teppich an der taveln ort.
dô der nider was gesezzen,
er muose gewâpent ezzen.
man muoz des sîme swerte jehen,
het ez hêr Nîthart gesehen
über sînen geubühel tragn,
er begundez sînen friunden klagn:
daz lie der marcrâve âne haz,
swie nâhe er bî der künegîn saz.
in eime alsô verherten lant
wart nie bezzer spîse erkant

und alsô willeclîche gegebn.
swer guotes willen kunde lebn,
den gap wirt und wirtin:
ir neheiner truoc mit sünden hin
swaz er spîse mohte aldâ verzern,
der sich den vînden wolde wern.

41 Wirnt von Grafenberg: „Wigalois". [Um 1210]

Über: Hartmann von Aue; Wolfram von Eschenbach.

Nachdem sich Wigalois von den Folgen eines Drachenkampfes erholt hat, reitet er neuen Abenteuern entgegen:

Ûz dem hole sach er ein
wîp gegen im loufen dar,
diu was in einer varwe gar
swarz, rûch als ein ber.
vil grôziu schœne was der
und guot gebærde tiure,
wan si was ungehiure:
ir hâr enpflohten unde lanc,
zetal in ir buoc ez swanc.
daz houbet grôz, ir nase vlach.
daz wîp ûz grôzer riuhe sach
als zwô kerzen brünnen dâ.
ir brâ lanc unde grâ,
grôze zene, wîten munt;
zwei ôren hêt si als ein hunt,
diu hiengen nider spanne breit.
als uns diu âventiure seit,
sô was diu schœne Lârîe
schœner danne ir drîe.
der rücke was ir ûf gebogen,
dâ engegen ein hover ûz gezogen
ob dem herzen als ein huot.
hêt iemen von ir hôhen muot,
dern sach der vrouwen Ênîten niht,
wan der herre Hartman giht,

daz wær gar ûz dem strîte
ezn wære vrouwe Ênîte
ze Karidôl diu schœnste maget,
als im sîn meister hêt gesaget.
ir brüste nider hiengen;
die sîten si beviengen
gelîch zwein grôzen taschen dâ.
als ein grîfe hêt si klâ
an den vingern allen.
rôt und linde ballen
die man an schœnen vrouwen siht,
ich wæne wol dern hêt si niht:
si wârn ir herte als einem bern.
swen si ir minne solde wern,
daz wær ein sûrez trûten.
ir lîp der vrouwen Jeschûten,
diu dâ was sô sælden rîch,
was des tages ungelîch
dô si in ir gezelte slief
und si Parzivâl an lief.
als in lêrte diu muoter sîn,
er zôch ir abe ein vingerlîn
und nam ir vürspan âne ir danc.
ein lützel er mit ir geranc
und kuste si an ir rôten munt
âne sin: im was unkunt
waz ez dem herzen vreude gît;
dar umbe leit si kumber sît.
si wârn gelîch, als ich ez weiz,
reht als ein bin einer geiz.
disiu was ungehiure;
sô was Jeschûten tiure
swaz vrouwen lîbe ie missezam.
daz lop gît ir her Wolfram,
ein wîse man von Eschenbach;
sîn herze ist ganzes sinnes dach;
leien munt nie baz gesprach.
Daz wîp dûht in unsüeze:
starkiu bein, krumbe vüeze

hêt si, sus was si gestalt.
ein kurziu naht diu machet in alt
swer bî ir solde sîn gelegen;
sô süezer minne kunde si pflegen.
si hiez diu starke Rûel
und was so vreislîche snel
daz ir dehein tier entran.

42 Heinrich von dem Türlin: „Der Âventiure Crône“.

[Um 1220]

Über: Wolfram von Eschenbach.

Gawan eilt dem König von Effin zu Hilfe, der von einem Riesen bedrängt wird; er gerät zunächst in Kämpfe mit drei Dienstleuten des Riesen:

Als er ûf den kreiz gereit,
Dâ sîn sîn kampfgeselle beit,
Sîn ors liez er erspringen.
Nu schein er ûz den ringen
Sam ein engels bilde,
Und het in ûf dem gevilde
Mîn herre Parzivâl gesehen,
Er hæte sîn vür got gejehen,
Daz gestate mir her Wolfram;
Der in von sîner muoter nam
Und hât in ze hove brâht,
Des was ime selben ungedâht
Und sîner lieben muoter,
Wan er ir vil guoter
Ir gebûwes in dem walde pflac
Und emzeclîch dar obe gelac,
Daz sie dâ het geriutet,
Als sich sîn name diutet,
Wan parce sprichet durch,
Val ein tal oder ein vurch:
Alsô hât in unser zunge
Sîn name die diutunge.

43 Reinbot von Durne: „Der heilige Georg“. [Um 1230]

Über: Heinrich von Veldeke; Wolfram von Eschenbach; Hartmann von Aue.

Theodorus und Demetrius kommen von Spanien nach Griechenland, wo sie ihren Bruder Georg wiederfinden, der den König des Landes bezwungen hat:

An dem andern tage vruo
kâmen sie der bürge zuo
die drîje tageweide:
hie vergâzen sie ir leide.
sie sâhen ûf dem anger breit
stân manigen helt gemeit
und ir bruoder under in.
ze sölhen vröiden ist mîn sin
ze krank und ze den maeren,
wie vrô sie drîje waeren
dô sie ein ander sâhen:
dô wart mang umbevâhen.
Nu warte ûf die triuwe mîn
her Heinrich von Veldekîn
und her Wolfram von Eschenbach
und der von Ouwe waern ze swach,
daz sie die vröide seiten hie
ze rehte, als ez dort ergie.
‚wer wîzt dirz danne, Reinbot?‘
nieman wîser, sam mir got!
ez geschah nie solîch vröide
menschlîcher beschöide,
ân diu himelvröide dâ oben
– vür alle vröide muoz man die loben:
diu loufet âne slege hin
und reichet vür des menschen sin.
von rehte sie vrô wâren:
inner vünf jâren
gesâhen sie ein ander nie;
des jach man dort: nu hoert ez hie.

44 Rudolf von Ems: „Alexander". [Nach 1230]

Über: Gottfried von Straßburg; Freidank.

Einleitung des unvollendeten Schlußkapitels:

An sælden stât
diu beste kunst,
swaz iemen kan,
von sælden gât
der welte gunst,
dem Got des gan
daz er sî hât,
ob der begunst
des ie gewan
daz er ir rât
mit der vernunst
dâ wendet an,
Wie er bejage
der welte prîs
in sîner zît
und sô betage
daz er daz rîs
daz sælde gît,
ze rehte trage
und ir âmîs
werd âne strît
daz man daz sage –
in swelhe wîs
sîn sælde wît
Gewurzet sî –
von der geschiht
die er getuot:
swem sælde ist bî,
den hilfet iht
sîn reiner muot.
ist er ir vrî,
sô'st gar ein wiht
swaz er durch guot
Je getet ze guote

mit lîbe und ouch mit guote.
Sælde und êre
wilde sint –
des hân wir harte vil gesehn, –
ir gunst, ir lêre
lât ir kint
selten sich sô stæte spehn:
sie tuont sêre
ir ougen blint,
sô sie in stæte solden jehn,
ir zuokêre
ist als ein wint,
sie künnen dicke vürder schehn,
sô man sie haben solde
stæt an ir hôhen solde.
Der wîse meister Gotfrit sanc,
daz glesîn gelücke
des veste sî brœde und kranc,
ez breche in kleiniu stücke
swenn ez schîn allerbeste.
gelücke gê bald an und abe
und sî vil selten veste.
vil lîhter danne manz behabe,
lâze ez sich uns vinden
und sî sîn gunst vil selten lanc,
ez kan vil gâhes swinden.
ouch sprach meister Vrîdanc,
gelücke enwelle zuo dem man,
sô hilfet niht swaz er kan.
doch dar umbe sol ein man
nâch sælden werben swâ er kan,
wan des harte vil geschiht,
swar nâch man den man werben siht,
daz im daz lîht aller meist
wirt nâch rehter volleist.

45 Rudolf von Ems: „Willehalm von Orlens“. [Um 1240]

Über: Wolfram von Eschenbach.

Das Turnier von Poy ist zu Ende:

Nu zitet das man kere
Und schaide von der ritterschaft:
Sit lob, gewin, kunst und kraft
So gar ist an die ainen komen
Und den andern ab genomen,
Was tohte me danne gestriten
Mit kraft da wer gar wåre vermitten?
Jen hatont vil verlorn,
Dise lob und ere erkorn
Mit gemainem prise.
Der ellenthafte wise
Her Wilhelm und sine man
Kerten ze herberge dan.
Die grogierer liefen mitte
Und brůften wol nach ir sitte
In lobelicher werdekait.
Schiere wart sin lob so brait
Das ich von rehter warhait wais
Das Gahmuret vor Kanvolais
Nie bejagte so hohen pris.
Wåre eht ich an kúnste so wis
Das ich den werden wisen
Also wol kunde prisen
Und sine ritterlichen tat
So wisliche uns gepriset hat
Her Wolfram von Escibach
Was Gahmurete dort geschach,
So solte ich in prisen bas:
Wol hate er gedienet das.

46 Wernher der Gärtner: „Meier Helmbrecht". [Nach 1250]

Über: Neidhart.

Mutter und Schwester statten Helmbrecht aus. Nach der Beschreibung der Haube und der Kleider wird Neidhart beschworen:

Ob ir nû hœren woldet
von dem rocke fürbaz,
durch iuwer liebe sagte ich daz.
dâ daz gollier unz an daz kin
gereichte, unz an die rinken hin
diu knöpfel wâren silberwîz.
ez hêt selten solhen vlîz
an sînen warkus geleit
dehein gebûre der in treit,
noch sô kostelîchiu werc
zwischen Hôhensteine und Haldenberc.
seht wie iu daz gevalle:
driu knöpfel von kristalle,
weder ze kleine noch ze grôz,
den buosem er dâ mite beslôz,
er gouch und er tumbe.
sîn buosem was al umbe
bestreut mit knöpfelînen,
diu sach man verre schînen,
gel, blâ, grüene, brûn und rôt,
swarz und wîz, als er gebôt.
diu lûhten sô mit glanze,
swenne er gie bî dem tanze,
sô wart er von in beiden,
von wîben und von meiden,
vil minneclîche an gesehen.
ich wil des mit wârheit jehen,
daz ich bî dem selben knaben
den wîben hêt unhôhe erhaben.
dâ der ermel an daz muoder gât
al umbe und umbe was diu nât
behangen wol mit schellen:
die hôrt man lûte hellen,

swenne er an dem reien spranc,
den wîben ez durch diu ôren klanc.
her Nîthart, und solde er leben,
dem hêt got den sin gegeben,
der kunde ez iu gesingen baz
danne ich gesagen. nû wizzet daz:
si verkoufte manec huon und ei,
ê si im gewunne diu zwei,
hosen und spargolzen.

47 Ulrich von dem Türlin: „Willehalm". [Um 1260/70]

Über: Wolfram von Eschenbach.

Heinrich von Naribon schickt seine Söhne in die Welt, nachdem er sie zugunsten des Sohnes eines in seinen Diensten gefallenen Vasallen enterbt hat. Vor ihrem Aufbruch gibt er ihnen gute Lehren, die er wie folgt beschließt:

XXVIII Sun, sît in schall gar unverdrozzen!
nu hân ich iu entslozzen
mîn herz und mînen willen gar.
Wilhalm zuo dem keiser var,
dem ist er liep und wert.
mîn herz des durch triuwe gert,
und ez wol mînen triwen stêt,
daz ich hie mînen sun Flôrêt,
den mir ein sterben hât geselt, –
ob ich mir den hân erwelt
durch veterlîchez ergetzen,
daz sol iuch niht entsetzen
an fröuden iwers muotes.
vil werdecheit und guotes
gewinnet ir, lieben süne mîn:
Flôrêt muoz nâch mir herre sîn.
dâmit bevilhe ich iuch got.
behalt ir lêre unde gebot,
sô sult ir mîne triuwe hân."
Heimerich underwant sich sân
des kindes und pflac des sider.

nu grîf wir an daz maere wider
und warten disem einen zuo,
die sehs lâz wir varn nû!
die wârn bereit und fuoren dan,
als ich iuch bewîset hân,
und her Wolfram urkünde gît,
wie Willhalm in kindes zît
wart verweist und sîne bruoder.
veterlîcher helfe muoder
verwîst des jâmers ruoder.

48 Albrecht von Scharfenberg: „Der Jüngere Titurel“. [Um 1270]

Über: Wolfram von Eschenbach; Neidhart.

Einschub vor Titurels Thronrede:

499 A Mit rimen schon zwigenge sint disiu lieder worden (885)
gemezzen rechter lenge, dar in ein don nach meister sanges orden.
ze vil, zeklein, des werdents liht verswachet.
her Wolfram si unschuldic, ein schriber dicke recht unrihtic machet.

B Hie mit so sint versůchet di wisen und die tumben. (886)
vil manger sliht unrůchet und habet sich mit alle zů den krumben.
ist ieman sulch getichte als ungemezzen
ze rehter kunste lobende, der ist an gůter merke der versezzen.

C Swer edel riche borten mit baste wil furrieren, (887)
der wil zallen orten můtwillich durch gespotte paratieren.
waz solten mir bi rosen genseblůmen?
fur ziser und visole minne ich muschat und edel kardomůmen.

D Kan ich di slichte růhen? daz ist hie niht erzeiget. (888)
kund ich di bôsen důhen als wol, unrechte hôh alsus geneiget
wurd von mir und unrecht gar verdrucket,
als ich daz ungerichte an disen lieden han zu rechte gerucket.

E Nicht wan durch di losen, die sich der merke růment (889)
und daz recht verbosen kunnen gar und licht getichte blůment.
daz wirt an dem gehoveten halt ervunden.
her Nithart wer der klagende, und heten sichs geburen under wunden.

F Nu keren von dem meren her wider an di erren, (890)
zů dem wirdeberen grales kron und kunicriches herren
und sagen, wie er all ir wirde merte,
der edeln diet zem grale, und si vil reine, hohe tugend lerte.

49 Albrecht von Scharfenberg: „Der Jüngere Titurel". [Um 1270]

Über: Walther von der Vogelweide.

Beginn des sogenannten Aventiure-Gespräches:

607 Vrou Aventiur ir krieget fur hoher meister brechen.
ich enweiz, ob ir uns trieget, sint daz min her Walter kunde sprechen,
daz hulde gotes und gůt und werltlich ere
in einen schrin icht mochten. di gebt ir grales diet und dannoch mere.

50 Albrecht von Scharfenberg: „Der Jüngere Titurel“.

[Um 1270]

Über: Hartmann von Aue.

Episode von der Tugendbrücke, von der auch Helden (z. B. Erec) fallen, deren Ruhm vornehmlich durch die Epen Hartmanns von Aue verbreitet wurde:

2400 Alle, die sich hie touften mit valle in wazzers unde,
swie si di schuld erkouften, ich wæne, man di zehant geschriben funde
an dem prief. den las man offenbære.
ich furht, daz man den funde, der di wil zewalde gerner wære,

2401 Danne er di brucke solde riten, sam si taten.
ob man da lesen wolde alle di sache, die an im misseraten
von kinde weren, die er het begangen,
man funde von etslichem einen brief vil lihte vingerlangen!

2402 Herr und vriunt von Owe, her Hartman der wise,
iwer fůge ich des getrowe, daz ir mirz nicht zelet gen unprise,
ob ich iwer herschaft nu hie růge
durch reht und niht zevare. so heizet ouch irs furbaz sin gefůge.

51 Der Pleier: „Garel von dem blüenden tal“.

[2. Hälfte 13. Jh.]

Über: Hartmann von Aue.

Das Epos beginnt mit der Schilderung des Pfingstfestes bei König Artus, der niemandem eine Bitte abschlägt:

Nu hœrt ein fremdez mære.
Hartman der Owære
hât uns ê wol geseit
für ein rehte wârheit
an einem buoch, daz ist wol bekant,
daz ist ‚der ritter mit dem lewen‘ genant,
daz Artûs wart sîn wîp genomen,

und wie ez dar zuo was komen.
Artûs het ein hôchzît,
daz er vordes noch sît
nie kein schœner gewan.
des was manic werder man
zuo dem edeln künege komen,
als ich daz mære hân vernomen.
dô der künic ob dem tische saz,
innen des dô er az,
dô kom ein ritter dar geriten,
der kunde unhöbeschlîche biten.
daz was ze einer stunden,
dô ob der Tavelrunden
die besten alle sâzen
vor dem künege und âzen.
Dô bat der vrävellîche,
der ritter ellens rîche,
den künic umb die künigin,
daz er die müeste füeren hin.
daz was dem künege Artûs leit;
doch behielt er sîne wârheit:
die küneginne liez er füeren dan.
daz klagten wîp unde man.

52 In: „Seifried Helbling“. [1280/1300]

Über: Heinrich von Morungen.

Aus der ersten Satire: Gespräch zwischen Herrn und Knecht. Der Knecht gibt einen Dialog zwischen dem Hauptmann eines plündernden Heerhaufens und einem Bauern wieder:

‚Wê hiut und immer wê!
seht, herre, wie iu daz an stê –
nû habt ir allez mîn guot –
daz man disen mort tuot
an mînen lieben kinden!
diu mac ich tôt vinden!
seht, wie man sie rœstet!‘

der herr sprach: ,ungetrœsetet,
her wirt, sît ir hie zestunt,
ir gebt mir danne drîzec phunt.'
,owê, herr, wâ næm ich diu?
füert mich gevangen mit iu,
ich gib iu allez daz ich hân,
heizt mir diu kint leben lân
und die hûsfrouwen mîn!'
,her wirt, des mac niht gesîn;
daz diu vancnus ergê,
zweinzic phunt nim ich ê.'
,herr, nemt fünfiu von mir,
diu gewinn ich iu schier.'
,nû gebt sibeniu vil drât
unde driu in den rât,
sô nert ir diu kindelîn
und mac anders niht gesîn.'
,herr, ich wil sie gerne geben
umb der mînen kinde leben.
heizt daz fiuwer leschen,
daz sie ir letzten heschen
niht in dem ruch enphâhen.'
balde hiez er gâhen
ûz leschen die brende.
diu naht het ein ende
und erschein der liehte tac.
klein der wirt trûren mac
umb scheiden an dem morgen,
als dicke tet mit sorgen
der Môrungær von liebe
und ander minne diebe,
die der minne phlâgen,
sô sie bî liebe lâgen.
in was kurz diu wîle:
ez dûht ein halbe mîle
den wirt gein dem rasten.
sîn gest niht wolden vasten;
diu kuch was wol berâten
mit sieden und mit brâten,

darzuo sie funden guoten wîn.
des muost ûf geladen sîn
daz die wegen krachten,
dô sie sich ûf machten,
michel was ir schallen.
von Fult, von Sant Gallen
die zwên epte habent kraft
an mehtiger ritterschaft,
und varent zuo dem rîche
niht so schedelîche
als der arme herre tuot.
hât er rehten mannes muot
der unbescheiden houbtman?
lieber herr, dâ sagt mir van.‘

53 In: „Seifried Helbling“. [1280/1300]

Über: Konrad von Haslau.

Aus der zweiten Satire: Am Gespräch zwischen Herrn und Knecht nehmen als allegorische Figuren die Treue, die Wahrheit, die Ehre u.a. teil:

‚Die siben tugent habent geseit
daz wandel, Triu und Wârheit,
Mâze, Schame, Zuht und Êr,
Bescheidenheit; waz well wir mêr?
man sol diu wandel für tragen –
der kneht well danne mêr sagen.‘
‚jâ ich wærlîch‘, sprâch mîn kneht.
‚ich sage noch ze wandels reht
michel liute zagehaft,
sûftunge wirtschaft
und alter ân alle tugent,
und der sich ülfet in der jugent,
güetlîch gebær ân triuwe,
nach milt afterriuwe,
ein guotswent ân êre,
des glouben ein abkêre,
bœslîch getât ân alle scham,

ein herze frumes muotes lam,
juden gesuoch in kristen hant,
meinswern – der engült ein lant.‘
‚ôwê mir hiute‘, sprach diu Êr,
‚nu muoz ich aber trûren mêr,
lieber kneht, umbe diu,
der wandel sint wol zwelfiu,
als ich sie gemerket hân.‘
sprach diu Wârheit: ‚sunder wân,
man sol sie billîch schrîben,
daz sie ze buoze blîben
von Haslou meister Kuonrât,
der in disem lande bat
den wandelbæren jüngelinc
niur umb einen phenninc.
sît hât unfuor gemêrt
in disem lant, daz ich niht gert
ze wandel mêr dann ein ort
und wolt haben fürsten hort.‘

54 In: „Seifried Helbling“. [1280/1300]

Über: Wolfram von Eschenbach.

Aus der dreizehnten Satire: Im fingierten Brief eines Spielmanns namens Seifried Helbling wird verstorbener Helden gedacht; an zwei Stellen werden sie mit Helden aus Wolframs Parzival verglichen:

Ein mær ist guot ze schrîben an,
dâ zwên hofgumpelman
an einander sendent brief.
der sin ist kreftic unde tief,
wand sie heten bêde kunst.
ân al mînes herzen gunst
ist der eine meister tôt,
der dem andern enbôt:
‚lieber friunt, her Jûliân,
sînen dienst hât iu kunt getân
ich armer Helblinc Sîfrit.

gên alter swindent mir diu lit.
ich hân die besten überlebt,
der muot nâch hôhen êren strebt.
von Hardeck wâren zwên genant,
zen besten wirden wol erkant
mit aller loblîchen tât,
grâf Ott und grâf Kuonrât.
der schilt ich brüefe rôt und wîz,
baz dan des rîchen Feirefîz
schildes rîcheit ûz genam
von Eschenbach her Wolfram.
nû gnâd iu got, her Kol, her Kraft
von Sliunz, zwên degen ellenthaft.
den schilt in einer varwe grüen
fuorten die helde manlîch küen.
ûf êren schanz lac ir gebot
als wærlîch sô genâd in got.

Ich klag die edlen Weisen,
gên vîntlîchen reisen
pflâgen sie ritterlîcher sit.
her Kâdolt und her Sîfrit,
zwên helde manlîch unde milt,
fuorten den leun an dem schilt
und heten ouch des leun muot.
der leu snelliclîchen tuot
sîn getât mit krefte.
sô sie ze ritterschefte
zimierten sich ûf ritters wal,
Gamuret und Parzivâl
hieten dô funden strîtes vil.
doch brâht ir lop zem hœhsten zil
her Wolfram von Eschenbach,
der ir einen nie gesach:
sô hân ich dise wol gesehen,
daz in ist êren vil geschehen.

55 In: „Der Heller der armen Frau“. [13. Jh.]

Über: Gottfried von Neifen.

Konde ich ein mere getichten,
mit guter rede berihten
daz ez gar lobebere
unde gut zu horen were,
unde daz ez wol mohte bestan,
und daz mich ein wiser man
dar umbe nicht solde strafen:
ich wil der sinne wafen
dar uf vil gerne slifen.
kund ich als der von Nifen
den vrowen singen sůzen sanch,
dez sagten si mir billich danch.
nu kan ich leider harte kleine:
min kunst die sol doch sin gemeine
den vrowen und den gerten,
di hohen pris merten.
Ez was ein kunic also gemut,
der hete wisheit unde gut,
er wolt ein munster machen
von lobelichen sachen
Got ze lobe und ze eren.
dar an begonde er keren
sin herze und sin sinne
durch die Gotes minne.
daz munster daz waz vollenbraht
reht als er sin hete gedaht.
der kunic tiwer daz verbot
bi sinen hulden, uf den tot,
daz ieman dar an solte geben,
reht als lip im were daz leben.
daz lon wolte er eine han,
daz was an im ein tumber wan.
Do daz munster wart bereit
mit harte grozer richeit,
der kunic hiez dar an er graben

mit guldinen buchstaben
daz ez were sin eines rat
und nieman dar an gegeben hat.
sin name wart des nahtes ab getan
und stunt ein ander name daran,
einer armen vrowen nam,
die hete daz munster lobesam
allentsamt volbraht.
dem kunege sere daz versmaht,
er hiez den namen tiljen sider
unde sinen namen schriben wider.
daz geschach aber in der naht,
als ez Got selbe hete gedaht,
daz aber der vrowen name da was,
do man die buchstaben gelas,
daz si were mit sinne
des munsters stifterinne.
ir nam was dristunt ab getan:
man sach in ie hin wider stan.
Der kunic erkante sich in Got,
daz ez were von Gotes gebot.
er hiez vragen der mere
wer die vrowe were.
die vrowe wart funden do,
des wart si trurich und unvrô,
si muste vur den kunich gan.
er sprach: ‚vrowe, nu sag an!
die mere sint gar wunderlich.
durch Got du solt bescheiden mich
wie ez hie zu si bekumen.
hast du dar umbe iht vernumen
oder hast du dar zu iht gegeben?
daz sage mir bi dinem leben!‘
Si sprach: ‚genade, herre min!
ich bekenne uf die genade din,
ich bin ein vil armes wip,
ich muz stete minen lip
mit minem spinnen ernern
und mich da mit des hungers wern.

da ver dient ich einen helbelinch,
dar nach stunt aller min gerinch,
den hete ich gerne geben dar an.
da vorcht ich, herre, dinen ban
und dar zu din vil groze dreu.
da mite kouft ich ein kleines heu,
daz streut ich uf die strazen
den ochsen, daz siz azen,
die die steine zugen hin.'
Daz waz der vrowen reiner sin.
Got nam der vrowen reinen mut
fur des richen kuneges gut.
der kunic erkante rehte daz
daz ez Gotes wille was.
er machte die vrowen riche
an gute sicherliche.
Got hat in ouch gewarnet wol.
ein ietslich man daz wizzen sol,
swer Got ein sulchen dienst tu,
der gunne alle der werlde dar zu
daz si ir sunde ouch gebuzen.
welle er Got furbaz gruzen,
so kouf er eygen und erbe dar an:
so wirt er ein vil selick man.
der kunic sin dienst niht verloz,
Got in dar umbe zu vrůnde erkoz.
nu helfe uns allentsamt Got
daz wir behalten sin gebot.
nu sprechet alle amen
die daz mere ver namen.

56 Heinrich von Freiberg: „Tristan". [Um 1300]

Über: Gottfried von Straßburg.

Auf dem Weg zur Richtstätte rettet Tristan sich und die von Marke ebenfalls zum Tode verurteilte Isolde durch eine List:

Sus wart die minneclîche Îsôt,
die man dâ solde tœten,

erlœset von den nœten.
vür sich huob sie her Tristant
ûf sîn ros und reit zuhant
hin wider dâ Tantrîsel was;
daz vroute sich, daz sie genas,
Îsôt die blunde künigin.
Ei, wâ quamen sie nu hin?
sie riten ôt vaste in den walt,
ir trachten daz was manicvalt:
nu suochten die gehiuren
aber die fossiuren,
die meister Gotfrit hât genant
la fossiure a la gent amant,
der minne gruobe, der minne hol,
dar inne in vor was sô wol;
und sie der nicht envunden,
sie machten an den stunden
von rinden und von loube,
ûz schilfe und ûz schoube
eine hütte grôz und wît,
dar inne vortriben sie die zît,
die gar getriuwen viere.

57 Heinrich von Freiberg: „Tristan". [Um 1300]

Über: Neidhart.

Tristan ist zu Isolde Weißhand zurückgekehrt, die darauf hofft, daß sein angebliches Gelübdejahr verstrichen sei. Auf einem Ausritt erblickt Isolde Blumen, die am Rande einer mit Wasser gefüllten Wagenspur blühen:

Îsôt alsô gesitet was
und was ir ouch gezême gnuoc,
daz sie stêtes gerne truoc
ein vrischez bluomenkrenzelîn
ûf dem gebende sîdîn.
und sie die blüemelîn ersach,
nu muget ir hœren, waz geschach:
Îsôten sie an lachten

und mit ir schîne machten,
daz sie von dem pferde trat
und trat gerichte an die stat
hin, dâ daz wezzerlîn vlôz;
daz wazzer von dem trite schôz,
als mir diz buoch gesaget hât,
der magde hin under ir wât;
Îsôten vuoz ez des betwanc,
daz ez hin ûf vil vaste spranc,
hin an den anger alsô zart,
dâ von der hübsche Nîthart
sanc, als ich vornumen hân,
aldâ die brûnen bluomen stân.
Und als daz engerlîn wart naz,
Îsôt mit rede nicht zu laz
was, und ir dise geschicht geschach:
sie bẹgonde smielen unde sprach
nicht alzu lûte in der vrist:
„diz wazzer verre küener ist
wan der küene Tristan;
der iegelîchem man ein man
manlîchen wol gewesen tar,
der ẹntorste nie gerüeren dar
an die minnenclîche stat,
dâ hin mich nû gerüeret hât
âne sin ditz wezzerlîn.“

58 In: „Reinfrid von Braunschweig“. [Um 1300]

Über: Wolfram von Eschenbach.

Die Christen haben unter Reinfrids Führung die Heiden schwer geschlagen. Der Sultan ruft alle heidnischen Könige zum Vergeltungskampf auf:

Die wîl sô was diu kristenheit
ouch wider in ir veste komen,
und hatten in dem her genomen
golt silber unde spîse,
harnasch in der wîse

daz sî sich weren wolten.
hât ir dâ vor engolten
diu heidenschaft, daz tet in wol.
sî lâgen unde hatten vol
ir veste spîs erfüllet.
gewarnet umbetüllet
sî ritterlîchen lâgen.
sî hatten unde pflâgen
fröuden rîches muotes.
golt silber guotes
wart in unmæzeclîchen vil.
des hôrte man sî alliu zil
schallen unde brehten.
rittern herren knehten
wart sô vil guotes dô gegên
daz keinre wolte fürbaz nên
und enwisten waz ez solte.
ûz verren banden holte
der soldân mange rotten,
die sîner brieve botten,
sîn gâb sîn flehen und sîn drô
twungen ze der reise dô
ûz wîten künicrîchen,
die ich doch sicherlîchen
iuch nennen sol noch nennen kan,
als der werde Wolfran
sprüche rîch von Eschibach
in Titureles buoche sprach
wol von zweihundert künge namen.
ir lant ir namen beidiu samen
hôrt man in dô zellen,
dô die hergesellen
und bruoder ûzer Babilôn,
Pompejus und Ypomedôn,
mit her urliuges pflâgen
und keiserlîchen lâgen
mit offenlîcher melde
ûf Florischanz dem velde
gên dem hôherbornen

milten ûz erkornen
fürsten rîch von Baldac,
der ouch mit grôzer krefte lac
gên in ritterlîche,
swie daz der fürste rîche
hette schedelîch verlorn,
dô vor im der hôhgeborn
Gahmuret wart erslagen
mit bockes bluote, hœr ich sagen,
an den herten adamant
den im dur rîchen prisant
durch liebe und durch minne
diu swarze küneginne
von Zazamanc dem fürsten gab.
ir lant ir namen ich niht hab
gekennet und ir underscheit:
dâ von wirt iuch niht geseit
noch kunt von mir ir namen gar.
ir lant ir wâfen offenbar
muoz ich durch nôt verswîgen.

59 In: „Reinfrid von Braunschweig". [Um 1300]

Über: Jakob Abt.

Die Abreise ihres Gatten Reinfrid in den Orient betrübt die Königin Yrkane. Ihrer Treue wird das falsche Gebaren berühmter Frauen entgegengehalten; dann kommt der Dichter auf Haltung und Kleidung der Frauen seiner Zeit zu sprechen:

Ich spür an allen orten,
ob ez sî ernest oder schinpf,
sô mangen grôzen ungelinpf
daz ich mich schamen für diu wîp,
sît ir leben und ir lîp
zuht und êre fliehent
und sich mit flîze ziehent
unreht ûf al der erde.
ir frävenlich geberde
sint wilder denn des löuwen,

als ob sî wellen dröuwen
den mannen um ir minne.
sint daz kluoge sinne,
des muoz mich nemen wunder grôz,
daz sî mê denne halber blôz
gânt ob des gürtels lenge.
ir kleit sint alsô enge
daz ez mich lasters vil ermant,
wan in in dem rocke spant
der lîp mit lasterlîcher pfliht.
mîn ôre hœrt, mîn ouge siht
wort und ouch geberde,
dar um man het unwerde
wîlent schœniu wîp gehapt.
die sache kan iuch Jacob Apt
vil baz bescheiden denne ich tuon.
sî wænent lasters haben ruon
und schament sich der êren.
des siht man stæte mêren
ûf sî schamelîchen spot.
êre welt und dâ zuo got
schiuhent sî nu kleine.

60 In: „Der Göttweiger Trojanerkrieg“. [Um 1300]

Über: Wolfram von Eschenbach.

Hector wird wegen eines Traumes der Hecuba zu dem Weisen Samlon geschickt:

Ain schnelles ross ward im verdacht
Mitt grünner kobertüre geschlacht,
Daz was ain edel samitt;
Sin wappenklaid der selben wit
Nach rechter lenge wol geschniten,
Mit nätten maisterlich durch britten,
Als ez dem küng wol gezam.
Man zoch im für daz castalan,
Uff des hoptte ein rundel
Lag, des och der fürste schnell

Fürtt ain kilich helm tach
Der coste rich, als üns verjach
Von Eschybach her Wolfran
Sunder lugenhaften wan.
Das was costbar, als man saitt,
Manig edel stain in gold gelaitt,
Dar in ain löwe rampantt;
Daz tier ward vigen klich erkantt
Sid vil mengem hayden.
Nun wil von husse schaiden
Ains geblümten künges barn.
Gott müsse üns den held bewarn,
Der durch lĭchte münde rott
Kam dick in angst und in nott!

Festmahl am Hofe zu Troja nach Hectors Rückkehr zusammen mit Samlon:

Dü trinkfass man da vand,
Von den tütt üns die geschrift erkantt,
Dü warend weder gold, silber noch holtz.
Nun sag an, Wolfran, maister stoltz,
Welcher hand mochten sy da sin?
Ja sol ich uff die trüwey min
Dir umb die trinkfass denne sagen:
Der minste nappffe für getragen
Da ward, daz waz ain liecht rubin;
Der ander nappff ön alle pin
Den nampte man ain sapfir blau;
Dar nach ain lĭchter trugel graw
Daz dritt was, ain capotus;
Das vierd ain richer amichulus;
Ain vil lĭchter johand . . .
Man da an neppffen erkantt
Karfunkel. die zwölff staine
Vand man da gemaine.

61 In: „Der Göttweiger Trojanerkrieg“. [Um 1300]

Über: Heinrich von Veldeke.

Paris wird von der Königin von Indien empfangen und nach einem Bade mit neuen Kleidern beschenkt:

Der gürtell was, als ich es las.
An farwe grün als ain grasz,
Vingers dicke völlenklich;
An der braitte waiss ich
Daz er wol hette vierre.
Dü wirttin zierre
Begraiff mitt ir blanken hand
Portten und under gewand,
Dar an zwen ringe waren
Daz by vier tussend jaren
Besser wurden nie gesechen,
(Des müssen mir die maister jechen:
Von Veldege der waiss es bas
Denn ich: das lass ich one has,)
Vingers gross von golde,
Als es dü claure wolde.
Von Arabye (daz ist war)
Waz daz edell golde claur
Dar komen do, als man sagtt.
Paris, beschult es üm die magtt
Dü so grosse wirdekaitt
An din ellend hatt gelaitt!

62 In: „Die Kreuzfahrt des Landgrafen Ludwigs des Frommen von Thüringen“. [1301]

Über: Wolfram von Eschenbach.

Landgraf Ludwig lagert mit anderen Fürsten vor Akkon:

Ein wazzer nâhen Akers flôz,
als iz noch tût. ez genôz
die stat des hûte, und ân iz

sô hête sie wazzers bôsen niez:
sie mûste des lîden swêre
ob sie des enpêre.
bi daz wazzer uf das velt
hiez der lantgrâve die gezelt
uf slahen, rîcher koste gar,
als sie die brâht hêten dar
die grâven, frîen, dienestman;
wol wart gezieret nu der plân
vor Akers und uberlusticlich;
sie leiten zeinem ringe sich.
daz gênde volc (ich sage û wie)
bûten dâ al umme die
herren doch gûter wîse hin dan
(ir was vil) uf den plân.
Ludewic dâ sunderlich
het sîn paulûn. ouch dem glîch
het sînez besunder Herman,
sîn brûder, der junge sûze man,
des hôch prîsende tât
zu sûzer rede brâht hât
her Wolfram von Eschenbach.
gegen des brûder gezelde uber den bach
iz waz uf gezogen, als daz schûf
Ludewic der herre, gesniten uf
ir beider gezelt der lewe dâ
in ein gar tûr obdach blâ.

Das Kreuzritterheer sammelt sich zum Kampf gegen Saladin:

Die Temploise wâren ouch dâ,
den hêten sich zû geschicket nâ
von dem Dûtschen hûse die herren
uf ein êwigez werren,
daz sie mit werlîcher craft
frumten dâ der heidenschaft,
ich meine der bittern helle sêr.
in al des lantgrâven her
sô wart dâ funden nie dehein man,

ern hetz dâ gerne baz getân.
Der kunic und die Franzoise
und etlîche der Burgundoise,
vil was dâ der Lamparten.
die uf den kunic gewarten,
ein creftic her fûrte dô
uf strît kunic Gwîdô.
ouch wol ordenlich geschart,
sîn banier ritterlich bewart,
sie staphten siticlîche
gegen den vînden, doch menlîche.
sie sâhen in rîchem schîne
ouch gegen in die Sarrazîne
kumen, als in niht wêre gâch.
waz von Terramêre sprach
her Wolfram, wie wunneclîche,
wie er gezieret rîche
gegen Wilhalme uber mer
brâhte ein werlîchez her:
also brâhte in grôzer wirde
under kostlîcher zierde
gegen den Cristen hie Salatîn
manigen menlîchen Sarrazîn
zu schaden und zu leide.
waz walt, anger, heide,
die geblûmten velt, lieht ouwe
vor brâhten zu wunnen schouwe
varwe, zu werdem schîne gar:
vorbaz quâmen sie geflôrieret dar
nâch rîcher koste milde
uf helmen und uf schilde,
ir kovertûr, ir wâpencleit
nâch volkumener rîcheit.

63 Ottokar: „Österreichische Reimchronik". [Um 1310]

Über: Wolfram von Eschenbach.

Schon zu Lebzeiten Rudolfs von Habsburg hat ein Künstler eine lebensechte Statue des Königs geschaffen; sie wird nach seinem Tode für sein Grabmal im Dom zu Speyer bestimmt:

Der stein wart nû sîn dach.
nû gedenke ich darnâch,
ob ich an kunste wær sô frum,
daz ich ein epitaphium
von wârhaften sachen
über in solde machen,
daz müest alsô ergân,
daz daran müeste stân
gemâlt oder ergraben
oder mit buochstaben
ûf den stein geschriben
dic tugent, die der kunic getriben
bî sînen tagen hât.
daz bedorfte wîter stat:
ich gedag umb ein grabstein –
ez wær darzuo ze klein
ein ganze absît
in einem munster wît;
sô vil der tugent was,
die der kunic an sich las,
daz ich und mîn sin
darzuo ze kranc bin,
daz ich michz mug an genemen.
ob sich sîn het lân gezemen
her Wolfram von Eschenbach,
dô man in bî dem leben sach,
swie gar er was an tihten kluoc,
er müeste arbeit genuoc
darûf hân geleit.
swie vil er hât geseit,
mit schœnen mæren geziert
und mit worten gefloriert

die grôzen ritterschaft,
der diu hêrschaft
phlac ze Litmarveil,
und swaz er von dem brackenseil
schœner mære hât geseit,
nâch dem frou Sigûne leit
Schinatulandern ir amîs,
swaz meisterschaft unde prîs
er hât geleit ûf daz getiht,
daz waere hiegegen enwiht,
swen diu wârheit
solt belîben unverdeit,
waz dem werden kunic Ruodolfen
des prîses hât geholfen,
dâmit er sîner frist
über alle kunic getiwert ist,
wand sîn werdez lop
in allen swebet ob
als der krâ der adelar.
unz in daz niunzehende jâr
rômisches rîches er phlac,
und an der zwelfpoten tac,
als si got teilte unde sant
allen enden in diu lant,
dô verschiet ab diser erd
Ruodolf, der kunic wert.

64 Ottokar: „Österreichische Reimchronik". [Um 1310]

Über: Wolfram von Eschenbach; Hartmann von Aue.

Nach der Ermordung König Albrechts I. (1308):

DCCCIII. Nû merket, wîp unde man,
swer ie herzenliep gewan,
daz dem herzen sîn
niht lieber moht gesîn,
sô dem daran missegêt,
wie sîn herz bestêt
aller freuden lære,

und aht, wie ir wære,
dô si vernomen het
diu kuniginn Elspet,
daz si alsô het verlorn
den fursten hôchgeborn,
der si wærlich
het lieber denne sich
gehabt von kindes jugent.
swer al sîn tugent,
der er gegen ir phlac,
alle sîne tac,
mit worten wold ûz legen,
der müest mêr kunste phlegen,
denne man haben sach
hern Wolfram von Eschenbach
oder hern Hartman von Ouwe.
ich wæne, daz dehein frouwe
ieze inder sî,
der daz geluck won bî,
daz si muge gehân
sô gar nâch wunsche einen man,
als an kunig Albreht het
diu kuniginne Elspet.
dâvon prüeft, welich smerze
besaz ir getriwez herze,
dô si gefriesch daz mære,
daz er verderbet wære.

65 Ottokar: „Österreichische Reimchronik". [Um 1310]
Über: Frauenlob.

Zum Tode König Wenzels II. von Böhmen (1305):

Waz hulf, ob ich daz lange seit,
mit wie getâner rîcheit
man den kunic werden
bestatte zuo der erden?
daz ist als mêre vermiten.
daz man mit kuniclichen siten

in bestaten sol,
daz het er verdienet wol
mit maniger tugent ûz erkorn,
die der hôchgeborn
mit miltikeit begie.
die er het gerîchet ie
unde von armuot schiet,
die sungen manic klageliet
mit grôzer zeher gusse
sînem lop ze gehugnusse
klagebær unde lobelich,
F r o u w e n l o p m e i s t e r H e i n r i c h,
der ûf die kunst ist kluoc,
und ander singær genuoc.
ditz ergie, dô man spurt
nâch Kristes geburt
driuzehen hundert jâr, sô man jach,
und in dem funften darnâch.

66 Wolfram von Eschenbach: „Parzival". [1200/10]

Zitiert: Walther von der Vogelweide.

Buch VI: Nach Keies Niederlage gegen Parzival verteidigt Wolfram den Hofmeister, der den Hof des Königs Artus von zweifelhaftem Volk freihalte:

296 Artûses hof was ein zil,
dar kom vremder liute vil,
die werden unt die smæhen,
mit siten die wæhen.
Swelher partierens pflac,
der selbe Keien ringe wac:
297 an swem diu kurtôsîe
unt diu werde cumpânîe
lac, den kunder êren,
sîn dienst gein im kêren.
ich gihe von im der mære,
er was ein merkære.
er tet vil rûhes willen schîn

ze scherme dem hêrren sîn:
partierre und valsche diet,
von den werden er die schiet:
er was ir fuore ein strenger hagel,
noch scherpfer dan der bîn ir zagel.
seht, die verkêrten Keien prîs.
der was manlîcher triwen wîs:
vil hazzes er von in gewan.
von Dürgen fürste Herman,
etslîch dîn ingesinde ich maz,
daz ûzgesinde hieze baz.
dir wære och eines Keien nôt,
sît wâriu milte dir gebôt
sô manecvalten anehanc,
etswâ smæhlîch gedranc
unt etswâ werdez dringen.
des muoz hêr Walther singen
'guoten tac, bœs unde guot.'
swâ man solhen sanc nu tuot,
des sint die valschen gêret.
Kei hets in niht gelêret,
noch hêr Heinrich von Rîspach.

67 In: „Die Kaiserchronik", **zweite** (schwäbische) Fortsetzung. [Ende 13. Jh.]
Zitiert: Wolfram von Eschenbach.

Nach seiner Wahl zum deutschen König kommt Rudolf von Habsburg nach Frankfurt zur Versammlung der Fürsten:

Si wâren alle hôchgemuot
und dâ bî fröudenrîche,
daz in sô sæleclîche
dirre künec was widervarn.
sich huop von geblüemten scharn
wünneclich hovieren,
in frouwendienst grôzieren
wart vil und mê und alsô vil
daz ichz niht halbez sagen wil,

wan diu rede wurde ze lanc.
ich hân ûf ander rede gedanc.
Dô der künec geriten kam
des morgens fruo und daz vernam
der fürsten schar überal,
die zogten gen im âne zal.
man sach sô manic banier wagen,
daz ich niht rehte kan gesagen,
wie vil ir aller moht gesîn.
wan ainen spruch ziuh ich dar în,
den der werde dihtær sprach,
her Wolfram von Eschenbach,
dô der künic Terramer
Orens beligen wolt mit her:
„sus was der baner zuovart,
als alle boume in Spehteshart
mit zendâl wærn behangen.“
als wart der künec empfangen
von sînen fürsten lobelich,
daz des iemer wundert mich:
so gehaz si ainander wâren,
daz si al unzuht verbâren
mit dringen und mit zornsin,
den künec si fuorten mit in
zem bischof Wernhêre,
der flîzic was der êre
diu im was geschehen dâ.
dô huop man an die messe sâ,
alsô was der introitus:
‚ecce advenit dominator dominus!‘

68 In: „Seifried Helbling“. [1280/1300]
Zitiert: Freidank.

Aus der zweiten Satire: Der Knecht klagt über die unzulängliche Gerichtsbarkeit:

‚Ist daz wandel dar geschriben,
herre, sô ist mir noch beliben

ein rede, der mich niht betrâget:
ich sag sie gern ungefrâget,
und ziuh ez an den hœhsten krist,
daz niht sô wandelbæres ist.
in allem disem lant gemeine
rihtet niur der herzog eine;
diu sînen nâchgerihte
sint ûf die unslihte.
daz müeze got erbarmen!
man rihtet niht den armen,
den rîchen riht man umb ir guot.
wider got man daz tuot.
hülf man dem fürsten rihten
nâch den rehten slihten,
sô solt ein ieslîch dienstman
die sînen selbe dingen an
und solt sîn bôsheit wenden:
sô kund mans niht geschenden
an in zen lantfrâgen.
daz wellents alsô wâgen:
sie bringents zeigenschefte
mit der schanden krefte.
dâ über sprach her Frîdanc
einen spruch niht ze lanc:
‚dicke worden ist ze hœn
getwungen dienst, geribeniu schœn.‘
alsô mac ez im ergên,
wil er sîn vînt mit in bestên.

69 Hugo von Trimberg: „Der Renner“. [1300]

Zitiert: Freidank.

Aus Kapitel XV: Von der leute witzze vnd vnwitzze:

Und koste ein glocke tûsent marc,
Swie guot si wêre, swie grôz, swie starc,
Doch wêr irs lobes prîs enwiht,
Hête si eins kleinen îsens niht

An dem der swengel hangen sol:
Bî disen dingen merke ich wol,
Swie grôz, swie starc, swie rîch des guotes,
Swie wol gefriunt, swie rîch des muotes
Ist ein man, hât er niht witze,
Sô muoz er als ein tôr besitze.
Doch dunket sich manic man gar wîse,
Der als ein antreche ûf einem îse
Swanzieren vor tummen liuten gât:
Kême aber er an der wîsen rât,
Dâ man niht ahtet ûf sîn gelf,
Er stüende rehte als ein jungez welf
Bî alten hunden, daz von in
Vil gern schiede, und möhte ez hin.
Als ist vil ofte mir geschehen:
Des muoz ich als her Frîdanc jehen:
„Mich dunket swenne ich eine bin,
Ich habe drîer manne sin:
Kum aber ich dâ die wîsen sint,
Sô wirde ich tummer denne ein kint.“

Aus Kapitel XL: Von zwein eseln:

Zwên esel giengen an einem gevelle,
Dô sprach der eine „Trût geselle,
Wie swêren sac maht du getragen?“
Er sprach „Daz wil ich dir sagen:
Mîn herze sich nâch arbeit sent
Reht dar nâch als man mich went.
Lêt man mir den willen mîn,
Sô slahe ich nider mîn œrlîn
Und lenderier hin gar gemache.
Swer aber mich wil resche mache,
Der bere mir den rücke mit steben,
Sô zelte ich vor im schôn und eben,
Swie swêre der sac sî den ich trage.
Niht mêre kan ich dir gesage“.
„Ich hœre wol daz du von natûr
Bist als ein krieger vilzgebûr,
Sît du ungern iht anders tuost

Denne daz du tuon betwungen muost:
Sô trage ich swaz ich tragen sol
Williclich und ist mir wol
Und bin sicher, swâ ich stên,
Vor schelten, vor slegen, und swâ ich gên,
Wenne ich setze mich niht wider
Und lege vor trâkeit mich niht nider,
Und swenne mir sûr wirt mîn lîpnar,
Sô dunket mich daz ich wol var".
Dise esel mügen uns wol bediute
Werltliche und geistliche liute:
Die êrsten tuont niht âne slege:
Die muoz unser herre ûf wege
Mit siuche, mit armuot, mit gewalte,
Süln si dienstes gein im walte:
Anders bekennent si sîn niht,
Als leider uns allen ofte geschiht;
Sô dienent im geistliche liute
Unbetwungen mit willen hiute
Und verdienent ir lîpnar baz
Denne wir, den ir stenkevaz
Selten immer werdent lêre
Und den doch kleiniu arbeit ist swêre.
Nu merket wie her Frîdanc sprach,
Dô er der esel leben an sach:
„Swâ ein esel den andern siht
Vallen, dâ hin kumt er niht".
Nu seht daz ist ein tummez tier
Und ist doch wîser denne wir,
Wenne wir sehen alle tage
Liute sterben und siuche klage
Und bezzern uns doch wênic dâ bî!

Aus Kapitel CXXVI: Von dem Galander:

Swelch geistlich mensche ist gotes galander,
Der enwölte niht sîn als Alexander,
Enêas, Crêsus und Evander,
Octaviân und manic ander

Herren und fürsten hie ûf erden:
Daz er rîte ûf schœnen pferden
Und sîner klôster pfrüende enbêre,
Daz wêr im von herzen swêre.
Er sitzet in sêlden vogelhûse,
Sô münster, slâfhûs, reventer, klûse
Baz im gevallent denne der walt
Werltlicher êren manicvalt.
Ern trahtet nâch zarter spîse niht:
Sîn beste pfrüende ist swenne er siht
Daz er beidiu naht und tac
Gote frœlich gedienen mac.
Sehs rîmen ziuhe ich dâ her în,
Die sint hern Frîdankes und niht mîn:

Von dem vogel karâdrius.

Kâradrius ein vogel ist,
Des sinne gênt vür menschen list:
Swelhen siechen er an siht,
Dem enwirret schiere niht;
Swelch sieche niht genesen kan,
Den gesiht er nimmer an.

AUSWAHLBIBLIOGRAPHIE

Karl Bartsch, Albrecht von Halberstadt und Ovid im Mittelalter. Quedlinburg/Leipzig 1861 (Bibliothek d. ges. dt. National-Literatur, Bd. 38; Nachdruck Amsterdam 1965).

Bruno Boesch, Die Kunstanschauung in der mhd. Dichtung von der Blütezeit bis zum Meistergesang. Bern/Leipzig 1936.

Werner Fechter, Das Publikum der mhd. Dichtung. Frankfurt/M. 1935 (Dt. Forschungen, Bd. 28; Nachdruck Darmstadt 1966).

Werner Kohlschmidt und Wolfgang Mohr, Literarische Kritik. In: Reallexikon d. dt. Lit. Gesch. Bd. II. 2. Aufl. Berlin 1965, Sp. 63–79.

Karl Friedrich Müller, Die literarische Kritik in der mhd. Dichtung und ihr Wesen. Frankfurt/M. 1933 (Dt. Forschungen, Bd. 26; Nachdruck Darmstadt 1967).

Friedrich Panzer, Vom mittelalterlichen Zitieren. Heidelberg 1950 (Sb. d. Heidelb. Akad., phil.-hist. Kl. Jg. 1950).

Heimo Reinitzer, Geschichte der dt. Literarkritik im Mittelalter. Masch. Diss. Graz 1966.

Julius Schwietering, Die Demutsformel mhd. Dichter. Berlin 1921 (Abh. d. königl. Gesellsch. d. Wiss. zu Göttingen, phil.-hist. Kl. NF. 17; wiederabgedruckt in: J. Schw., Philologische Schriften. Hrsg. v. F. Ohly u. M. Wehrli. München 1969, S. 140–215).

Ingrid Barbara Walde, Untersuchungen zur Literarkritik und poetischen Kunstanschauung im dt. Mittelalter. Masch. Diss. Innsbruck 1961.

QUELLENNACHWEISE UND ERLÄUTERUNGEN

(Zu den genannten Dichtern siehe Namenverzeichnis)

1 Text: Die Kleine Heidelberger Liederhandschrift (= A), bl. 41^v (= a 22; 23); vgl. Die kleine Heidelberger Liederhandschrift. In Nachbildung. Mit Geleitwort und Verzeichnis der Dichter und der Strophenanfänge von Carl von Kraus. Stuttgart 1932; Die Alte Heidelberger Liederhandschrift. Hrsg. von Franz Pfeiffer. Stuttgart 1844 (Nachdruck Hildesheim 1962), S. 254f.; Die Gedichte Walthers von der Vogelweide. Hrsg. von Karl Lachmann – Carl von Kraus – Hugo Kuhn. 13. Aufl. Berlin 1965, S. 116f. (= L 82,24–83,13).
Ergänzt wurde: Str. I, 9 *und iren reinen siten* (zum Reimwort *siten* vgl. L 82,32, zur Syntax der Ergänzung L 83,9, zum Adj. L 93,3); Str. I, 12 bezieht sich auf MF 165, 28; Str. II ist auch in der Großen Heidelberger Liederhandschrift unter Walthers Namen (C 31) überliefert. Dort steht Str. II, 13 *gevarn* statt *gewarn*. Zum wörtlichen Zitat in Str. I, 12 vgl. auch Kap. V. Das Gedicht ist die älteste bekannte Totenklage auf einen Dichter in deutscher Sprache.
Eine vielleicht ältere Totenklage auf den Gönner eines Dichters findet sich in der Sammlung ‚Spervogel' in MF 25,20ff.

2 Text: Die Schweizer Minnesänger. Hrsg. von Karl Bartsch. Frauenfeld 1886 (Nachdruck Darmstadt 1964), S. 43 (= SMS II, 24, 33); vgl. L 108,6–108,13. Überliefert in A (118) in derselben Strophenform wie das Minnegedicht *Der ich diene und al dâ her gedienet hân* (SMS II, 24, 1–24).

3 Text: Die Jenaer Liederhandschrift I. Getreuer Abdruck des Textes. Hrsg. von Georg Holz. Leipzig 1901 (Nachdruck Hildesheim 1966), S. 85 (= J XXI, 9); der Abdruck folgt zeilengetreu der Handschrift; vgl. auch Minnesinger. Deutsche Liederdichter des 12., 13. und 14. Jahrhunderts (...). Gesammelt und berichtigt von Friedrich Heinrich von der Hagen (= MSH). Theil III, 1. Leipzig 1838, S. 53.
Die Namensform richtet sich nach J, nicht nach der Hs. C, in der sie *Rumslant* lautet.

4 Text: Heinrichs von Meißen, des Frauenlobes, Leiche, Sprüche, Streitgedichte und Lieder. Erläutert und hrsg. von Ludwig Ettmüller. Quedlinburg und Leipzig 1843 (Nachdruck Amsterdam 1966), S. 180 (= Str. 313; Nr. IX im *Zarten dôn*). Eines der verkünsteltsten Gedichte Frauenlobs.

5 Text: Deutsche Liederdichter des 13. Jahrhunderts. Hrsg. von Carl von Kraus. Bd. I Text. Tübingen 1952, S. 331f. (= KLD 44, IV, 13); Bd. II Kommentar. Tübingen 1958.

Diese Strophe ist namenlos in der Heidelberger Hs. Nr. 350 (= H) überliefert. Sie ist in KLD zu zwölf in der Hs. C unter Reinmars von Brennenberg Namen überlieferten Strophen gleichen Baues gestellt. Der Vorname des Brennenbergers lautet im Inhaltsverzeichnis von C *Reimar*, auf der Miniaturseite (188r) *Reinman*.

Da Reinmar von Brennenberg ein Zeitgenosse Reinmars von Zweter war, ist mit *Reinmar* (V. 5), zumal im Zusammenhang der übrigen Dichternamen, wohl ‚der Alte' gemeint. Bei *Wachsmut* ist unklar, ob *W. von Mühlhausen* oder *W. von Künzich* angesprochen ist. Beide werden Mitte des 13. Jhs. datiert.

6 Text: Die Jenaer Liederhandschrift (s. Nr. 3), S. 52 (= J VII, 2). Der in dieser Hs. mit zwei Strophen vertretene *Robyn* ist wohl Mitteldeutscher und nicht identisch mit dem *Rubin* der Hss. A, B, C (vgl. KLD 47 und KLD, Bd. II, S. 400f.). Nach Elisabeth Karg-Gasterstädt (Verfasser-Lexikon III, Sp. 1116) beziehen sich auch die Lobsprüche Marners (vgl. Nr. 12) und Reinmars von Brennenberg (vgl. Nr. 5) auf diesen in J aufgeführten Dichter und nicht auf den *Rubin* der Hss. A, B, C.

7 Text: Gottfried von Straßburg, Tristan und Isold. Hrsg. von Friedrich Ranke. Berlin/Frankfurt/M. 1949, S. 58–61. Zur *nahtegal von Hagenouwe* vgl. Günther Schweikle, War Reinmar ‚von Hagenau' Hofsänger zu Wien? In: Gestaltungsgeschichte und Gesellschaftsgeschichte. Fritz Martini z. 60. Geburtstag. Stuttgart 1969, S. 1ff.; zum „Literaturstreit" zwischen Gottfried und Wolfram vgl. Walther Johannes Schröder, Vindære wilder mære. Beitr. (Tüb.) 80, 1958, S. 269–287 und Heinz Rupp, Wolframs „Parzival"-Prolog. Beitr. (Halle) 82, Sonderbd., 1961 (= Festschrift f. E. Karg-Gasterstädt), S. 29–45; beide wiederabgedruckt in: Wolfram von Eschenbach. Hrsg. von Heinz Rupp. Darmstadt 1966 (Wege der Forschung Bd. 57), S. 319ff. und S. 369ff.

8 Text: Diu Crône von Heinrîch von dem Türlîn. Zum ersten Male hrsg. von Gottlob Heinrich Friedrich Scholl. Stuttgart 1852 (Bibl. des Lit. Vereins Stuttgart Bd. 27; Nachdruck Amsterdam 1966), S. 29–31.

9 Text: Rudolf von Ems, Alexander. Ein höfischer Versroman des 13. Jahrhunderts. Zum ersten Male hrsg. von Victor Junk. 2 Teile. Leipzig 1928, 1929 (Bibl. des Lit. Vereins Stuttgart Bd. 272; 274); Zitat: Teil I, S. 112–121.

10 Text: Rudolfs von Ems Willehalm von Orlens. Hrsg. aus dem Wasserburger Codex der Fürstlich Fürstenbergischen Hofbibliothek in Donaueschingen von Victor Junk. Berlin 1905 (DTM Bd. 2), S. 36–39. Schenk Konrad von Winterstetten (urk. 1214–42) hat auch Ulrich von Türheim zur Fortsetzung von Gottfrieds *Tristan* veranlaßt.

Der *Wallære* Heinrichs von Lînouwe wird V. 7101 nochmals zitiert. – Zu Nr. 9 und 10 vgl.: Karl Bartsch, Die beiden literarhistorischen Stellen bei Rudolf von Ems. Germania 24, 1879, S. 1–9.

11 Text: Der Renner von Hugo von Trimberg. Hrsg. von Gustav Ehrismann. Bd. 1. Tübingen 1908 (Bibl. des Lit. Vereins Stuttgart Bd. 247), S. 46–54. Zur Kapitelüberschrift vgl. Bd. 4, Tübingen 1911 (Bibl. des Lit. Vereins Stuttgart Bd. 256), S. 5. (Nachdruck 1970/71). Da Hugo in diesem Kapitel auch auf die mhd. Epik und auf antike Autoren zu sprechen kommt, wurde es ungekürzt aufgenommen.

12 Text: Die Große Heidelberger Liederhandschrift (= C), bl. 353ra (= C 50); vgl. Die Manessische Liederhandschrift. Faksimile-Ausgabe. Einleitungen von Rudolf Sillib, Friedrich Panzer, Arthur Haseloff. Leipzig 1925–1929; Die große Heidelberger Liederhandschrift. In getreuem Textabdruck hrsg. von Fridrich Pfaff. 1. Teil. Textabdruck. Heidelberg 1909, Sp. 1161; Der Marner. Hrsg. von Philipp Strauch. Straßburg 1876 (QuF Bd. 14; Nachdruck Berlin 1965), S. 113f.

Ungeklärt ist, wer mit *von Heinburg* gemeint sei. Strauch (Ausg. S. 21) weist auf *Heunburc* in Ulrichs von Lichtenstein *Frauendienst* 65,19 hin. Datierung nach Strauch (Ausg. S. 21).

13 Text: SMS XX,3 (s. Nr. 2), S. 201–206. Im 7. Absatz dieses Minneleichs werden ältere Leichdichter aufgeführt. Von Friedrich von Hausen und Hartmann von Aue sind keine Leichdichtungen erhalten. Ob der in der Großen Heidelberger Liederhandschrift unter dem Namen *Winli* überlieferte Leich (vgl. Textabdruck, hrsg. von Fr. Pfaff [s. Nr. 12], Sp. 769–771) auf Grund von Vers 69 einem *Otto zum Turne I* zuzuschreiben sei (so Bartsch, SMS, S. CIV, Text S. 166–169), ist unsicher.

14 Text: Paul Schlupkoten, Herman Dâmen. Untersuchung und Neuausgabe seiner Gedichte. Diss. Marburg 1913, S. 37f. (III, 3, 4); vgl. MSH III (s. Nr. 3), S. 163, Nr. 4; Die Jenaer Liederhandschrift (s. Nr. 3), S. 206 (XXIX, 9, 10).

Hier zeichnet sich schon die spätere Reihe der zwölf Meister ab. Nicht zu klären ist, ob mit *Reinmar* hier schon im Anschluß an das mitteldt. Gedicht vom Wartburgkrieg der im md. Raum offenbar bekanntere Reinmar von Zweter gemeint ist, der dann in der Reihe der zwölf Meister an die Stelle Reinmars des Alten tritt.

Zu Zeile 54 vgl. Text Nr. 2.

15 Text: Meisterlieder der Kolmarer Handschrift. Hrsg. von Karl Bartsch. Stuttgart 1862 (Nachdruck Hildesheim 1962), S. 404 (LXXXII, 1). Im *Langen Ton* Regenbogens ohne besondere Namensnennung überliefert, nach Bartsch (Ausg. S. 177) „echt". Der Vorname *Barthel* findet sich erst in der Meistersingertradition, vgl. dazu MSH IV (s. Nr. 3), S. 889, 894.

Der Namenkatalog Regenbogens bietet wie der Hermans (s. Nr. 14) Ansätze zum Mythos von den 12 alten Meistern. Der *Erenbote* könnte ein Beiname Reinmars von Zweter gewesen sein (vgl. seinen *Fraun-Ehren-Ton*), der nach der Gleichsetzung Reinmars von Zweter mit

Reinmar dem Alten sich zu einer sonst nicht faßbaren Dichtergestalt verselbständigt hat.

16 Text: Die Kindheit Jesu von Konrad von Fußesbrunnen. Hrsg. von Karl Kochendörffer. Straßburg 1881 (QuF Bd. 43), S. 64–66.
Zu *Meister Heinrich* vgl. Ausg. S. 21ff.; Reinitzer (s. Lit. Verz.) sieht in ihm Heinrich von Veldeke. Offen ist, ob das Werk des Meisters Heinrich den Titel *Das Anegenge* trug. Es dürfte dann aber kaum das bekannte frühmhd. Werk dieses Titels gemeint sein.

17 Text: Rudolf von Ems, Alexander II (s. Nr. 9), S. 543–546.

18 Text: Rudolf von Ems, Willehalm von Orlens (s. Nr. 10), S. 69–72.

19 Text: Ulrich von Türheim, Rennewart. Aus der Berliner und Heidelberger Hs. hrsg. von Alfred Hübner. Berlin/Zürich 1938, 2. Aufl. 1964 (DTM Bd. 39), V. 114ff.: S. 2–3; V. 4526ff.: S. 66; V. 21660ff.: S. 317ff.; V. 36449ff.: S. 542ff. Das Werk ist eine Fortsetzung des *Willehalm* Wolframs von Eschenbach: Das Zitat *sus rumte er Provenzalen lant* ist die letzte Zeile in Wolframs *Willehalm.*
Da der Schluß des Epos in der dieser Ausgabe zugrundegelegten Hs. B fehlt, folgt der Text von Vers 35270 ab der Heidelberger Handschrift (Cod. pal. germ. 404 fol. = H).

20 Text: Kleinere Dichtungen Konrads von Würzburg. Hrsg. von Edward Schröder. Mit einem Nachwort von Ludwig Wolff. I. 3. Aufl. Berlin 1959, S. 12f.

21 Text: Konrads von Würzburg Goldene Schmiede. Von Wilhelm Grimm. Berlin 1840, S. 3f.

22 Text: Willehalm. Ein Rittergedicht aus der zweiten Hälfte des 13. Jhs. von Meister Ulrich von dem Türlin. Hrsg. von S. Singer. Prag 1893 (Bibl. der mhd. Lit. in Böhmen Bd. 4; Nachdruck Hildesheim 1968), S. 4f. Zu V. 10 vgl. Nr. 41, V. 6346 (und Anm.).

23 Text: Meleranz von dem Pleier. Hrsg. von Karl Bartsch. Stuttgart 1861 (Bibl. des Lit. Vereins Stuttgart Bd. 60), S. 4.

24 Text: Gauriel von Muntabel. Eine höf. Erzählung aus dem 13. Jahrhunderte, von Konrad von Stoffeln. Zum 1. Male hrsg. von Ferdinand Khull. Graz 1885, S. 1f. Zu V. 19f. vgl. Hartmann v. Aue, *Iwein* V. 31f.

25 Text: Alexander von Ulrich von Eschenbach. Hrsg. von Wendelin Toischer. Tübingen 1888 (Bibl. des Lit. Vereins Stuttgart Bd. 183), V. 95ff.: S. 3–5; V. 5979ff.: S. 159f. Zu V. 127 vgl. Nr. 41, V. 6346 (und Anm.).
Von Vers 153 ab geht Ulrich auf seine lat. Vorlage ein: die *Alexandreis* Walthers von Châtillon ist 1184 erschienen. Diese Quelle wird nochmals erwähnt in Buch II, V. 6022. Zur Namensform *Etzenbach* vgl. die Ausgabe H. F. Rosenfelds (Nr. 28).

26 Text: Alexander von Ulrich von Eschenbach (s. Nr. 25), V. 5369ff.: S. 142; V. 7799ff.: S. 207; V. 8729ff.: S. 232f.

27 Text: Alexander von Ulrich von Eschenbach (s. Nr. 25), S. 432. Vgl. am Ende des 1. und 2. Buches wird Wolfram zitiert (Nr. 26).

28 Text: Ulrich von Etzenbach, Wilhelm von Wenden. Krit. hrsg. von Hans-Friedrich Rosenfeld. Berlin 1957 (DTM Bd. 49), S. 94.
Anspielung auf den Aufenthalt Wolframs in Thüringen. Die Namensform *Etzenbach*, nicht *Eschenbach* (vgl. Nr. 25–27), scheint nach dem Zeugnis der Handschriften wahrscheinlicher.

29 Text: Heinrich's von Freiberg Tristan. Hrsg. von Reinhold Bechstein. Leipzig 1877 (Dt. Dichtungen des MAs. Bd. 5; Nachdruck Amsterdam 1966), S. 3–6.
Zu Vers 38ff. vgl. Marner: Text Nr. 12, V. 9.

30 Text: Johanns von Würzburg Wilhelm von Österreich. Aus der Gothaer Handschrift hrsg. von Ernst Regel. Berlin 1906 (DTM Bd. 3), S. 28f.
Datierung nach Johanns eigener Angabe V. 19575ff. Zur Beliebtheit des Romans vgl. die Wandgemälde in Schloß Runkelstein.

31 Text: Johanns von Würzburg Wilhelm von Österreich (s. Nr. 30), S. 202–204, S. 286.
Nach Vers 14604 bringt die Hs. H als einzige einen Verweis auf Rudolf von Ems. Der Herausgeber hält diesen unorganischen, „matt und ärmlich" wirkenden Einschub für „ein Machwerk des Schreibers von H oder von der ihm vorliegenden Hs." In Vers 14604d ist statt *ains* wohl *Ems* zu lesen.

32 Text: SMS IV, 2 (s. Nr. 2), S. 68f.

33 Text: Heinrichs von Meißen, des Frauenlobes, Leiche, Sprüche, Streitgedichte und Lieder (s. Nr. 4), S. 96 (Str. 129). Zu Zeile 17 siehe ebda. S. 312: Ettmüller überlegt, ob nach *baz* nicht *dan* einzusetzen sei; Wackernagel konjizierte *kund iht baz*.
Herman der Damen hat auf einen *Rabensberger*, wohl denselben wie Frauenlob, ebenfalls eine Preisstrophe verfaßt (vgl. Die Jenaer Liederhs. I [s. Nr. 3], XXIX, 38 und MSH III, 169). Graf Otto gehörte einem westfälischen Adelsgeschlecht an.

34 Text: Moriz von Craun. Unter Mitwirkung von Karl Stackmann und Wolfgang Bachofer im Verein mit Erich Henschel und Richard Kienast hrsg. von Ulrich Pretzel. Tübingen 1956 (ATB Bd. 45), S. 66 und 68.
Gewählt wurde der diplomatische Abdruck der Ambraser Handschrift (Anf. 16. Jh.).
Eine Dichtung, auf welche sich die Verse 1160ff. beziehen könnten und für die der Titel *Salomo und die Minne* vermutet wurde, ist nicht bezeugt.

35 Text: Herbort's von Fritslâr liet von Troye. Hrsg. von Ge. Karl Frommann. Quedlinburg und Leipzig 1837 (Bibl. der ges. dt. National-Lit. Bd. 5; Nachdruck Amsterdam 1966), S. 198. Der Ländername

Lancparten begegnet in Veldekes *Aeneasroman* nur V. 8383 (vgl. Henric van Veldeken. Eneide. II. Untersuchungen. Von G. Schieb unter Mitwirkung von Th. Frings. Berlin 1965 [DTM Bd. 59], S. 406). In V. 17370 sind Diomedes and Aeneas gemeint.

36 Text: Wolfram von Eschenbach. 6. Ausgabe von Karl Lachmann. Berlin und Leipzig 1926.

37 Text: Wolfram von Eschenbach (s. Nr. 36). Ein zu 292,18f. passendes Gedicht Veldekes ist nicht überliefert. Lachmann hatte die Stelle auf Veldekes *Aeneasroman* V. 1827ff. bezogen (vgl. Ernst Martin, Wolfram von Eschenbach, Parzival und Titurel. II Kommentar. Halle 1903, S. 255).

38 Text: Wolfram von Eschenbach (s. Nr. 36). Vgl. ähnlich *Parzival* 404,28f. (s. Nr. 37).

39 Text: Wolfram von Eschenbach (s. Nr. 36). Vgl. den *Spießbratenspruch* Walthers von der Vogelweide (L 17,11).

40 Text: Wolfram von Eschenbach (s. Nr. 36).
Weder das Kompositum *geubühel* noch *bühel* sind in den „echten" Gedichten Neidharts überliefert (vgl. Edmund Wiessner, Vollständiges Wörterbuch zu Neidharts Liedern. Leipzig 1954). Über Schwerter ‚in falschen Händen' klagt Neidhart Hpt. 52,8; 59,10; 88,34 *(langiu swert)*.

41 Text: Wigalois, der Ritter mit dem Rade von Wirnt von Gravenberc. Hrsg. von J. M. N. Kapteyn. Bd. I Text. Bonn 1926 (Rhein. Beitr. und Hülfsbücher zur germ. Philol. u. Volkskunde Bd. 9), S. 264–267. Vers 6345f. wurde schon im MA. zum geflügelten Wort: vgl. z.B. Nr. 22, V. 10; Nr. 25, V. 127 oder im Wartburgkrieg (Hrsg. v. K. Simrock, 1858, Str. 27) und in der Zimmerischen Chronik.

42 Text: Diu Crône von Heinrîch von dem Türlîn (s. Nr. 8), S. 78f. Beachte: Dichtern wie Hartmann und anderen ist ein eigener Abschnitt gewidmet (vgl. Text Nr. 8); Wolfram wird nur hier im Verlaufe der Erzählung erwähnt.

43 Text: Der Heilige Georg des Reinbot von Durne. Mit einer Einleitung über die Legende und das Gedicht. Hrsg. und erklärt von Dr. Ferdinand Vetter. Halle 1896, S. 25f.

44 Text: Rudolf von Ems, Alexander (s. Nr. 9), II, S. 709–711. Unter Gottfrieds Namen ist das zitierte Gedicht nicht überliefert, dagegen steht am Schluß der Sammlung Ulrichs von Lichtenstein in der Hs. C ein Spruch *gelücke daz gât wunderlîchen an und abe*, aus dem Rudolf mehrere Stellen zitiert. Es wird deshalb in der Forschung allgemein Gottfried zugesprochen (vgl. KLD 16,II und KLD Bd. 2, S. 163).
Der Freidank-Spruch ist sonst nicht belegt.

45 Text: Rudolfs von Ems Willehalm von Orlens (s. Nr. 10), S. 124f.

46 Text: Wernher der Gartenaere, Helmbrecht. Hrsg. von Friedrich

Panzer, 8., neubearb. Aufl. besorgt von Kurt Ruh. Tübingen 1968 (ATB Bd. 11), S. 8–10.

Die in der Hs. A stehenden Ortsnamen Hohenstein und Haldenberg verlegen die Handlung ins sogenannte Innviertel; in der Hs. B finden sich dafür Wels und Traunberg, Orte aus dem österr. Traungau (vgl. Ausg. S. XIV). Vgl. weiter den Bezug von V. 191ff. zu Wolframs *Parzival* 230,12ff.

47 Text: Willehalm von Ulrich von dem Türlin (s. Nr. 22), S. 37f. Wolfram wird weiter zitiert: XLVI,19 (S. 64); LXVIII,4 (S. 89); CCLXXII,2 (S. 318); CCCXXXII,22,28 (S. 383); CCCXXXIII,8,28 (S. 384); CCCXLI,25 (S. 392).

48 Text: Albrechts von Scharfenberg Jüngerer Titurel. Nach den ältesten und besten Handschriften kritisch hrsg. von Werner Wolf. Bd. I Berlin 1955. Bd. II,1 Berlin 1964. Zitat: I, S. 133f. Die Verse sind ein nachträglicher Einschub. In der Ausg. K. A. Hahns (1842) stehen sie als Strophen 885–890. In den Hss. A, D, E heißt es Str. 499 A, 4: *ich Wolfram pin vnschuldig*. Wolfram wird weiter zitiert in den Strophen 244; 266.

49 Text: Albrechts von Scharfenberg Jüngerer Titurel (s. Nr. 48) I, S. 160. Angespielt wird auf Walther L 8,19ff.

50 Text: Albrechts von Scharfenberg Jüngerer Titurel (s. Nr. 48) II, S. 112.

51 Text: Garel von dem blüenden Tal. Ein höfischer Roman aus dem Artussagenkreise von dem Pleier. Hrsg. von Dr. M. Walz. Freiburg 1892, S. 2.

Der Pleier bezieht sich auf den *Iwein* Hartmanns von Aue (V. 4528ff.); er greift die ersten beiden Verse dieses Abschnitts fast wörtlich auf.

52 Text: Seifried Helbling. Hrsg. und erklärt von Joseph Seemüller. Halle a. S. 1886, Nr. I, S. 44–46. „Die Erwähnung Heinrichs von Morungen ist bei dem seltenen Erscheinen seines Namens in den Quellen (vgl. Gottschau bei Paul-Braune Beitr. VII,337) auffallend" (Ausg. S. 310, zu V. 760).

53 Text: Seifried Helbling (s. Nr. 52), Nr. II, S. 80.

V. 443ff. beziehen sich auf refrainartige Reimpaare wie *swâ daz tuot ein jungelinc, / der gebe mir einen pfenninc*, welche im *Jüngling* Konrads von Haslau Abschnittsgrenzen markieren.

54 Text: Seifried Helbling (s. Nr. 52), Nr. XIII, S. 14f. und S. 16f. Die beiden Zitate sind Anfang und Schluß des ersten Teiles des Briefes. V. 20ff. beziehen sich wohl auf *Parzival* 741,1ff. – Die Grafen Otto und Konrad von Plain-Hardeck sind ebenso wie Kol und Kraft von Sleunz (V. 15ff. und V. 24ff.) 1260 in einem Gefecht gegen die Ungarn bei Statz gefallen. Kadolt und Siegfried (V. 72ff.), genannt *die*

Waisen, werden auch im *Frauendienst* Ulrichs von Lichtenstein erwähnt (z.B. Str. 907 und 920).

55 Text: Kleinere mhd. Erzählungen, Fabeln und Lehrgedichte. III. Die Heidelberger Hs. cod. Pal. germ. 341. Hrsg. von Gustav Rosenhagen. Berlin 1909 (DTM Bd. 17), Nr. 34, S. 19f. Dieses Gedicht steht in der Reihe der geistlichen Gedichte (Nr. 1–37) dieser „größten einheitlich angelegten und hergestellten Sammelhandschrift von Reimpaargedichten ... aus dem eigentlichen Mittelalter“ (Ausg. S. I), die insgesamt 213 Erzählungen und geistlich-lehrhafte Gedichte enthält und ins 1. Drittel des 14. Jh.s datiert wird (S. XXII). Die Mehrzahl der Gedichte gehört aber ins 13. Jh.

56 Text: Heinrich's von Freiberg Tristan (s. Nr. 29), S. 137f. V. 3318ff. beziehen sich auf die Minnegrotte-Episode in Gottfrieds *Tristan* (V. 16679ff.); zu V. 3324 vgl. Gottfrieds *Tristan* V. 16700.

57 Text: Heinrich's von Freiberg Tristan (s. Nr. 29), S. 155–158. Anspielung auf ein in vier Hss. überliefertes Gedicht Neidharts, das Haupt dennoch wegen des schlüpfrigen Inhalts für unecht erklärte (Hpt. XXVII, 9ff.). Die entsprechenden Verse lauten: *keiner bluomen ist sô vil / sô der brûnen dâ* (Hpt. XXIX, 5) und *saelic sî daz engerlîn / dâ die bluomen springen* (Hpt. XXIX, 12f).

58 Text: Reinfrid von Braunschweig. Hrsg. von Karl Bartsch. Tübingen 1871 (Bibl. des Lit. Vereins Stuttgart Bd. 109), S. 483f. Vers 16590 bezieht sich auf Wolframs *Parzival* 105, 13ff.; V. 16605ff. auf den *Jüngeren Titurel*, Str. 944ff. Wolfram wird noch erwähnt V. 10421 (S. 304) und V. 16681 (S. 486). Daneben finden sich häufig Stellen ohne Namensnennungen, die die Vertrautheit des Verfassers mit höfischer und antiker Literatur und genaue Bibelkenntnis verraten.

59 Text: Reinfrid von Braunschweig (s. Nr. 58), S. 444f. Von Jakob Abt ist eine Verserzählung zum Thema ‚Weiberlist‘ überliefert: *Der Ritter unterm Zuber* (vgl. F. H. von der Hagen, Gesamtabenteuer II, 1850, S. 297–308).

60 Text: Der Göttweiger Trojanerkrieg. Hrsg. von Alfred Koppitz. Berlin 1926 (DTM Bd. 29), S. 4 und S. 13. Der Verfasser gibt sich an manchen Stellen für Wolfram aus, so V. 2902; 3462; 3576; 3711; 7496; 7509; 9017; 16249; 22933, an anderen spricht er von ihm als dritter Person, so noch V. 5615; 7403; 7903; 10031; 10209; 12837; 13969; 15964; 17027; 18554; 24037; 25155 (vgl. dazu Wolfram von Eschenbach und Albrecht [von Scharfenberg] im *Jüngeren Titurel*).

61 Text: Der Göttweiger Trojanerkrieg (s. Nr. 60), S. 149f. Bei der Zitierung Veldekes V. 8891 ist wohl an Stellen seines *Aeneasromans* wie V. 755ff. (Geschenke des Aeneas für Dido), V. 5697ff. (Rüstung des Aeneas) oder V. 8791ff. (Ausrüstung Kamilles) gedacht. Veldeke wird noch erwähnt V. 9931 (S. 168) und V. 21507 (S. 361).

62 Text: Die Kreuzfahrt des Landgrafen Ludwigs des Frommen von Thüringen. Hrsg. von Hans Naumann. Berlin 1923 (MGH Bd. 4,2), S. 216 und S. 227f. Ob der Verfasser der *Kreuzfahrt* Wolfram für den Dichter des *Wartburgkrieges* hielt, welcher vom Lobpreis des Landgrafen Hermann handelt, oder ob die Quelle für diese Stelle in den Versen 4364ff. des *Willehalm* Ulrichs von Etzenbach zu suchen sei (Ausg. S. 192), ist eine offene Frage.
Die Zeichensetzung ist bei Vers 1783–1788 gegenüber der Ausgabe geändert.

63 Text: Ottokars Österreichische Reimchronik. Nach den Abschriften Franz Lichtensteins hrsg. von Joseph Seemüller. Hannover 1890–1893 (MGH Bd. 5), S. 509f. Die Steinplastik befindet sich noch in der Krypta des Speyrer Doms. Wolfram wird nochmals V. 45314 (S. 589) erwähnt.

64 Text: Ottokars Österreichische Reimchronik. (s. Nr. 63), S. 1231f.

65 Text: Ottokars Österreichische Reimchronik (s. Nr. 63), S. 1129. Von Frauenlob sind über Wenzel nur die Verse 135,1ff. (Ausg. s. Nr. 4) bekannt (vgl. auch dort S. 315 zur Stelle).

66 Text: Wolfram von Eschenbach (s. Nr. 36). Das zitierte Walthergedicht ist nicht erhalten; vgl. aber L 20,4. Hinter Heinrich von Rîspach wird ein „Hofmeister am bairischen Hofe“ vermutet (vgl. Martin [s. Nr. 37], S. 259). Vgl. auch Hans Naumann, Guoten tac, boes unde guot. ZfdA 83, 1951/52, S. 125–127.

67 Text: Kaiserchronik eines Regensburger Geistlichen. Hrsg. von Edward Schröder. In: Deutsche Chroniken und andere Geschichtsbücher des MAs. Hrsg. v. d. Ges. f. ältere dt. Geschichtskunde I, 1. Dublin/Zürich 1892 (MGH Bd. 1,1; Nachdruck Frankfurt 1969), S. 414f. Die Verse 326–328 stammen aus dem *Willehalm* Wolframs von Eschenbach (96,15–17). Die Anführungszeichen sind abweichend von der Ausgabe gesetzt.

68 Text: Seifried Helbling (s. Nr. 52), Nr. II, S. 71. Seemüller vermutet, der Verf. habe Freidank weniger aus literarischer als aus volkstümlicher Überlieferung gekannt (Ausg. S. XXXI). Ein ähnliches Sprichwort findet sich in Freidanks *Bescheidenheit* (Hrsg. v. H. E. Bezzenberger, 1872, 104,20).

69 Text: Der Renner von Hugo von Trimberg (s. Nr. 11), I, S. 87f. und S. 248–250; III, S. 112f. Freidank wird im Renner namentlich insgesamt 35mal erwähnt: Die drei gewählten Auszüge mögen als Beispiele dienen. Zitat V. 2123ff. entspricht Freidank 116,9 (Bezzenberger), V. 5995f. entspricht Freidank 140,19ff.; V. 19665ff. entspricht Freidank 143,7ff. Man beachte, wie genau Hugo zitiert, im Vergleich etwa zum Seifried Helbling (Nr. 68). Ohne direkte Namensnennung wird Freidank zwölfmal zitiert (vgl. für alle Freidankzitate Ehrismann, Ausg.

Bd. IV, Namenverzeichnis). Die Kapitelüberschriften (nach Michael de Leone) stammen aus der Erlanger Rennerhs. (E); vgl. Ehrismann, Ausg. Bd. IV, S. 22ff. Vgl. auch Karl Janicke, Freidank bei Hugo von Trimberg. Germania 2, 1857, S. 418–424.

TABELLARISCHE ÜBERSICHTEN

Zitierende und zitierte Dichter (bei Anonymi die Werke) sind, soweit möglich, in ungefährer chronologischer Folge geordnet. In der Übersicht II sind die zitierten Lyriker und Epiker getrennt aufgeführt. Dichter, die zu beiden Gruppen gehören, erscheinen aber nur in einer der beiden, wobei die getroffene Entscheidung strittig sein kann (z.B. bei Konrad von Würzburg). Solche Schemata können schließlich nicht mehr bieten als einen groben Überblick.

Übersicht I

Dichternennungen in mhd. Epik

	Dietmar von Aist	Friedrich von Hausen	Ulrich von Gutenburg	Heinrich von Rugge	Heinrich von Morungen	Reinmar der Alte	Walther von der Vogelweide	Otto von Botenlauben	Hug von Salza	Winsbeke	Freidank	Neidhart	Gottfried von Neifen	Marner
„Moriz von Craûn“ (um 1200)														
Herbort von Fritzlar (um 1200)														
Konrad von Fußesbrunnen (um 1200)														
Wolfram von Eschenbach (1200/1220)							×					×		
Gottfried von Straßburg (um 1210)						×	×							
Wirnt von Grafenberg (um 1210)														
Heinrich von dem Türlin (um 1220)	×	×	×	×		×			×					
Reinbot von Durne (um 1230)														
Rudolf von Ems (um 1240)											×			
Ulrich von Türheim (um 1250)														
Wernher der Gärtner (um 1250)												×		
Ulrich von dem Türlin (1260/70)														
Konrad von Würzburg (2. Hä. 13. Jh.)														
Pleier (2. Hä. 13. Jh.)														
Konrad von Stoffeln (2. Hä. 13. Jh.)														
„Heller der armen Frau“ (2. Hä. 13. Jh.)													×	
Albrecht von Scharfenberg (um 1270)							×					×		
„Seifried Helbling“ (Ende 13. Jh.)					×						×			
Ulrich von Etzenbach (Ende 13. Jh.)														
„Kaiserchronik“, 2. Forts. (Ende 13. Jh.)														
„Reinfrid von Braunschweig“ (um 1300)														
„Göttweiger Trojanerkrieg“ (um 1300)														
Heinrich von Freiberg (um 1300)												×		
Hugo von Trimberg (1300)					×	?	×	×		×	×		×	×
„Kreuzf. d. Landgr. Ludwigs“ (nach 1300)														
„Österreichische Reimchronik“ (um 1310)														
Johann von Würzburg (1314)														

			×																								[illegible]
	×																										Frauenlob
																		×									Pfaffe Lamprecht
					×													×	×			×	×		×	×	Heinrich von Veldeke
																								×			Meister Heinrich
	×									×		×	×					×	×	×	×	×	×				Hartmann von Aue
																		×									Konrad von Fußesbrunnen
																		×				×					Bligger von Steinach
×	×	×			×	×	×	×	×	×		×	×		×		×	×	×	×	×	(×)					Wolfram von Eschenbach
×				×								×		×				×									Gottfried von Straßburg
																		×									Wirnt von Grafenberg
																		×									Ulrich von Zazikhoven
																		×									Heinrich von dem Türlin
																		×									Konrad Fleck
																		×									Berthold von Herbolzheim
																		×									Biterolf
																		×									Konrad von Heimesfurt
																		×									Stricker
																		×									Wetzel
																		×									Absolon
																		×									Albrecht von Kemenaten
																		×									Heinrich von Lînouwe
																		×									Gottfried von Hohenlohe
																		×									Meister Hesse
																		×									Vasolt
																		×									Ulrich von Türheim
×																											Rudolf von Ems
								×																			Ulrich von dem Türlin
			×																								Konrad von Würzburg
									×																		Konrad von Haslau
						×																					Jakob Abt

Übersicht II

Dichternennungen in mhd. Lyrik

	Walther von der Vogelweide (um 1205)	Ulrich von Singenberg (um 1230)	Reinmar von Brennenberg (Mitte 13. Jh.)	Marner (um 1260)	Meister Rumelant (um 1270)	Der Taler (2. Hälfte 13. Jh.)	Der von Gliers (2. Hälfte 13. Jh.)	Rubin (Ende 13. Jh.)	Herman der Damen (Ende 13. Jh.)	Frauenlob (um 1300)	Regenbogen (um 1320)
Friedrich von Hausen			×				×				
Heinrich von Veldeke				×							
Ulrich von Gutenburg			×				×				
Rudolf von Fenis			×	×							
Albrecht von Johansdorf			×								
Heinrich von Rugge			×	×			×				
Reinmar der Alte	×		×	×				?	?		
Hartmann von Aue							×				
Walther von der Vogelweide		×	×	×				×	×		
Wolfram von Eschenbach									×		×
Ulrich von Singenberg			×								
Gottfried von Neifen						×					
Otto zum Turne							×				
Wachsmut			×	×							
Walther von Metz			×								
Rubin			×	×					×		
Rudolf von Rotenburg							×				
Neidhart				×				×	×		
Reinmar von Zweter				×				?	?		
Bruder Wernher								×			
Marner					×				×		×
Meißner									×		
Boppe											×
Konrad von Würzburg									×	×	×
Friedrich von Sonnenburg									×		
Heinrich von Ofterdingen									×		
Klingsor									×		×
Ehrenbote											×
Stolle								×			
Herman der Damen										×	
Frauenlob											×

NAMENVERZEICHNIS

Aufgeführt sind die Namen der zitierenden und zitierten Dichter und die Titel anonym überlieferter Werke. Den Nummern der Texte dieses Bandes folgen in Klammern die entsprechenden Seitenzahlen. Mit Stern wird auf Textbeispiele der in diesem Band vertretenen Autoren verwiesen.

Absolon, Autor einer verlorenen, vermutlich um 1230 verfaßten Dichtung über Kaiser Friedrich I. Eine Familie dieses Namens urk. 1262 und 1264 am Bodensee. 9 (21), 10 (24)

Albrecht von Johansdorf, Lyriker; ein Geschlecht de Johanstorf urk. als Ministerialen der Bistümer Bamberg und Passau; Ende 12. Jh. (vgl. MF 86,1ff.). 5 (4)

Albrecht von Kemenaten, Verf. von Epen aus dem Dietrichsagenkreis (*Goldemar*, *Eckenliet* u.a.?); aus Thurgau oder Tirol; 1. Hälfte 13. Jh. 9 (21), 10 (25)

Albrecht von Scharfenberg, nach Ulrich Füetrer, *Buch der Abenteuer*, Autor der Epen *Merlin* und *Seifrid von Ardemont* und des *Jüngeren Titurel*; aus Bayern; 2. Hälfte 13. Jh. *48 (90f.), *49 (91), *50 (92)

Berthold von Herbolzheim, Verf. einer nicht erhaltenen *Alexandreis*; aus Herbolzheim im Breisgau (?); Anf. 13. Jh. 17 (43)

Biterolf, sonst unbekannter mhd. Epiker; vgl. *Biterolf* im thür. *Wartburgkrieg*. Der Name Biterolf urk. 1212, 1217 in Erfurter Urkunden, auch in Freiburg. 17 (43)

Bligger von Steinach, Lyriker und Epiker aus Neckarsteinach bei Heidelberg (?); nur drei Gedichte erhalten (vgl. MF 118,1ff.); sein Epos *Umbehanc* verloren; Ende 12. Jh. 7 (7), 9 (20), 10 (24)

Boethius, röm. Staatsmann und Philosoph; am Hof Theoderichs d. Gr.; (480–524 n. Chr.). 11 (32)

Meister Boppe, alem. Spruchdichter, nachweisbar 1275–1287. 15 (39)

von Brunecke (auch: von Brauneck), Lyriker aus Franken (?); von seinem Werk nichts erhalten. 11 (30)

Cicero, Marcus Tullius Cicero, röm. Staatsmann und Rhetor (106–43 v. Chr.). 11 (32)

Dietmar von Aist, Lyriker aus Oberösterreich (?); 1139–1161 urk. ein Dietmarus de Agist (vgl. MF 32, 1ff.). 8 (14)

Ehrenbote, Beiname (?) Reinmars von Zweter (s.d.), gebildet nach seinem *Fraun-Ehren-Ton* (vgl. Anm. 15). 15 (39)

Frauenlob s. Heinrich von Meißen

Freidank, alem. (?) Autor der mhd. Spruchsammlung *Bescheidenheit*; 1. Hälfte 13. Jh. 9 (20), 10 (24), 44 (86), 68 (116), 69 (117ff.)

Friedrich von Hausen, Lyriker aus Rheinfranken; Ministeriale, gest. 1190 auf dem 3. Kreuzzug; (vgl. MF. 42, 1ff.). 5 (4), 8 (14), 13 (36)

Friedrich von Sonnenburg, Tirol. Spruchdichter; 2. Hälfte 13. Jh. 14 (39)

Der von Gliers, Schweiz. Lyriker; 2. Hälfte 13. Jh. *13 (33ff.)

Gottfried von Hohenlohe, fränk. Epiker, seine Artusdichtung nicht erhalten; gest. 1254/55. 10 (25)

Gottfried von Neifen, schwäb. Lyriker; Stammburg Hohenneuffen; urk. 1234–1255. 11 (30), 32 (73), 55 (98)

Gottfried von Straßburg, Epiker (und Lyriker), *Tristan und Isolde*; Anf. 13. Jh. *7 (5ff.), 9 (18), 10 (24), 20 (55), 21 (56), 24 (59), 29 (67), 30 (69), 44 (86), 56 (101)

Der Göttweiger Trojanerkrieg, Bearbeitung des *Troja*-Stoffes; Verf. gibt sich an mehreren Stellen für Wolfram aus; um 1300. *60 (105f.), *61 (107)

Hartmann von Aue, Epiker (*Erec*, *Iwein*, *Armer Heinrich*, *Gregorius*) und Lyriker (vgl. MF 205ff.); Heimat umstritten (Eglisau, Au bei Freiburg, Reichenau?); Ende 12., Anfang 13. Jh. 7 (6), 8 (12ff.), 9 (18), 10 (24), 13 (36), 23 (58), 24 (59), 36 (76), 41 (81), 43 (84), 50 (92), 51 (92), 64 (112)

Meister Heinrich, Autor einer nicht überlieferten Mariendichtung (vgl. Anm. 16); 2. Hälfte 12. Jh. 16 (40)

Heinrich von Freiberg, Verf. einer Fortsetzung von Gottfrieds *Tristan*; aus Böhmen; Anfang 14. Jh. *29 (67f.), *56 (100f.), *57 (101f.)

Heinrich von Lînouwe (auch: von Leinau), Verf. eines nicht erhaltenen Gedichtes *Der Wallære*; Allgäu?; 1. Hälfte 13. Jh. 9 (21), 10 (25)

Heinrich von Meißen, genannt Frauenlob, Lyriker (Leiche, Lieder, Sprüche); wohl aus Meißen; gest. 29. 11. 1318, Grab im Mainzer Dom. *4 (3), 15 (39), *33 (73f.), 65 (113)

Heinrich von Morungen, mitteldt. Lyriker; urk. 1213–1221 als miles emeritus; (vgl. MF 122, 1ff.). 11 (29), 52 (94)

Heinrich von Ofterdingen, mhd. Dichter, historische Existenz von der Forschung bestritten. Als Lyriker im *Wartburgkrieg*, als Verf. des Heldenepos' *König Laurin* in einer Handschrift (Laurin P) genannt. 14 (39)

Heinrich von Rugge, Lyriker; aus Ministerialengeschlecht der Pfalzgrafen von Tübingen, Stammburg bei Blaubeuren; 2. Hälfte 12. Jh.; (vgl. MF 96, 1ff.). 5 (4), 8 (14), 12 (33), 13 (36)

Heinrich von dem Türlin, Epiker (*Der Aventiure Crône*, *Der Mantel*); Kärntner Bürgergeschlecht; Anfang 13. Jh. *8 (12ff.), 9 (20), *42 (83)

Heinrich von Veldeke, Epiker (*Servatius*, *Enëide*) und Lyriker (vgl. MF 56, 1ff.); aus der Gegend von Maastricht; 2. Hälfte 12. Jh. 7 (8), 9 (17), 10 (23), 12 (33), 34 (74), 35 (75), 37 (77f.), 38 (79), 43 (84), 61 (107)

Der Heller der armen Frau, Verslegende; 13. Jh. (vgl. Anm. 55). *55 (98ff.)

Herbort von Fritzlar, Epiker aus dem hess. Fritzlar; *Trojaroman* im Auftrag des thür. Landgrafen Hermann um 1210. *35 (75)

Herman der Damen, Lyriker aus Rostock; Ende 13. Jh. *14 (38f.), 33 (74)

Herrand von Wildonie, Verf. von Liedern und Schwankerzählungen; aus steir. Ministerialengeschlecht; Schwiegersohn Ulrichs von Lichtenstein; Mitte 13. Jh. 11 (30)

Meister Hesse, Vorsteher der städt. Kanzlei in Straßburg (notarius burgensium); Herausgeber einer Bearbeitung von Gottfrieds *Tristan*; urk. 1230–1240. 10 (26)

Horaz, Quintus Horatius Flaccus, röm. Lyriker (65–8 v. Chr.). 11 (32)

Hug von Salza, mitteldt. (?) Lyriker; urk. 1174 im Kloster Reinhardsbrunn; von seinem Werk nichts erhalten. 8 (14)

Hugo von Trimberg, fränk. Autor des Lehrgedichtes *Der Renner*, vollendet 1300; andere mhd. Werke nicht erhalten; lat. Werke: *Registrum multorum auctorum*, *Laurea sanctorum*, *Solsequium;* etwa seit 1260 Schulrektor in Bamberg. *11 (28ff.), *69 (116ff.)

Jakob Abt (auch Apt, Appet), gilt als Verf. einer mhd. Schwankerzählung *Der Ritter unterm Zuber*; Schweizer; Ende 13. Jh. 59 (105)

Johann von Würzburg, ostfränk. Epiker; von Beruf Schreiber, viell. in Eßlingen; Anf. 14. Jh. *30 (68f.), *31 (70ff.)

Juvenal, Decimus Junius Juvenalis, röm. Satiriker (ca. 58–140 n. Chr.). 11 (32)

Kaiserchronik, eine Weltgeschichte (von der Gründung Roms bis ins 12. Jh.); verfaßt vom Pfaffen Konrad (?) oder mehreren (?) Autoren; in Regensburg? Mitte 12. Jh.; Bearbeitungen und Fortsetzungen im 13. Jh.: die schwäbische Fortsetzung reicht bis ins Jahr 1274 (483 Verse). *67 (114f.)

Klingsor von Ungarland, histor. Existenz in der Forschung bestritten: Name in der Großen Heidelberger Liederhandschrift sei von der gleichnamigen Gestalt in Wolframs *Parzival* hergeleitet; vgl. auch *Wartburgkrieg*. 14 (39), 15 (39)

Konrad Fleck, alem. Epiker *(Floire und Blancheflur)*; Anfang 13. Jh. 9 (21), 10 (25)

Konrad von Fußesbrunnen, österr. Epiker; urk. 1182 und 1186. 10 (25), *16 (40f.)

Konrad von Haslau, österr. Epiker, Verf. einer Anstandslehre *Der Jüngling* (vgl. Anm. 53); Ende 13. Jh. 53 (96)

Konrad von Heimesfurt, Geistlicher aus Hainsfurt bei Oettingen (bayr. Schwab.); Verf. einer *Himmelfahrt Mariae* und der *Urstende*; Anfang 13. Jh. 9 (19)

Konrad von Stoffeln, schwäb. Epiker; Stammsitz Hohenstoffeln im Hegau (?); 2. Hälfte 13. Jh. *24 (59f.)

Konrad von Würzburg, bürgerl. Epiker und Lyriker; geb. in Würzburg, gest. 31.8.1287 in Basel. 4 (3), 11 (30), 14 (39), 15 (39), *20 (55), *21 (56f.)

Die Kreuzfahrt des Landgrafen Ludwigs des Frommen von Thüringen, ostmitteldt. Epos; Autor unbekannt; geschr. auf Anregung Herzog Bolkos I. von Schweidnitz-Jauer-Münsterberg; vollendet 1301. *62 (107ff.)

Pfaffe Lamprecht, Epiker (*Alexander, Tobias*); aus Franken; Mitte 12. Jh. 17 (43)

Lukan, Marcus Annaeus Lucanus, lat. Epiker (39–65 n. Chr.). 11 (32)

Macrobius, Ambrosius Theodosius Macrobius, lat. Autor; um 400 n. Chr. 11 (32)

Marner, bürgerl. Lieder- und Spruchdichter; aus Schwaben; um 1270 als blinder Greis erschlagen. 3 (2), 11 (30), *12 (33), 14 (39), 15 (39)

Meißner, mitteldt. Spruchdichter; 2. Hälfte 13. Jh. 14 (39)

Moriz von Craûn, nur in der Ambraser Hs. (Anf. 16. Jh.) überlieferte Verserzählung, die an den Anfang des 13. Jh. zurückdatiert wird; Autor unbekannt; ein Ritter Moriz von Craûn in der Grafschaft Anjou nachweisbar zwischen 1130 und 1196. *34 (74f.)

Neidhart („von Reuental"), Lyriker; aus Bayern; wohl nach 1230 am österr. Hof; 1. Hälfte 13. Jh. 6 (4), 12 (33), 14 (39), 40 (80), 46 (89), 48 (91), 57 (102)

Ottokar (von Steiermark), Geschichtsschreiber (seine *Kaisergeschichte* nicht mehr erhalten); im Dienste Ottos von Lichtenstein, des Sohnes Ulrichs von Lichtenstein; um 1300. *63 (110f.), *64 (111f.), *65 (112f.)

Otto von Botenlauben, Lyriker, dichtete Ende 12. Jh.; Sohn des Grafen Poppo VI. von Henneberg, genannt nach einer Burg bei Kissingen; blieb nach Kreuzfahrt 1197 zwanzig Jahre im Heiligen Land; gest. 1245. 11 (29)

Otto zum Turne, Schweiz. Lyriker (vgl. Anm. 13); 13. Jh. 13 (36)

Ovid, Publius Ovidius Naso, röm. Dichter (43 v. Chr.–17 n. Chr.). 11 (32)

Persius, Aulus Persius Flaccus, lat. Satiriker (34–62 n. Chr.). 11 (32)

Peterlîn, nur im *Renner* genannter, sonst unbekannter mhd. Lyriker. 11 (30)

Pleier, Verf. von Artusepen; aus der Gegend von Salzburg (?); 2. Hälfte 13. Jh. *23 (58), *51 (92f.)

Regenbogen, schwäb. Meistersinger (Vorname Barthel? Vgl. Anm. 15); um 1300. *15 (39f.)

Reinbot von Durne, Epiker; aus der Oberpfalz; dichtete im Auftrag Herzog Ottos II. von Bayern (1231–53). *43 (84)

Reinfrid von Braunschweig, höf. Abenteuerroman; 27 Tsd. Verse; Autor unbekannt; nach Dialekt aus Bodenseegegend; Ende 13. Jh. *58 (102ff.), *59 (104f.)

Reinmar der Alte (von Hagenau), Lyriker; Herkunft unbekannt (vgl. Anm. 7); Ende 12., Anfang 13. Jh. 1 (1), 5 (4), 6 (4), 7 (10), 8 (13), 11 (30), 12 (33), 14 (?, 39)

Reinmar von Brennenberg, Lyriker; Dienstmann des Bischofs von Regensburg; Mitte 13. Jh.; wurde ermordet. *5 (3f.)

Reinmar von Zweter, Spruchdichter; nach eigenem Zeugnis am Rhein geb.; nach 1227 am Wiener Hof, ging 1235 an den Prager Hof, nach 1240 an versch. mitteldt. Höfe; seine Sprüche bis 1247 datierbar. 12 (33), 14 (?, 39)

Rubin, 1. Tirol. Lyriker; überliefert in den Hss. A, B, C; 13. Jh. 14 (39) 2. mitteldt. Spruchdichter (Robyn); 13. Jh. (vgl. Anm. 6). 5 (4), *6 (4), 12 (33)

Rudolf von Ems, Epiker; Stammsitz Hohenems am Oberrhein; Ministeriale der Herren von Montfort; gest. nach 1250 auf Italienzug. *9 (16ff.), *10 (22ff.), *17 (42ff.), *18 (44ff.), 31 (72), *44 (85f.), *45 (87)

Rudolf von Fenis, Graf von Neuenburg, Schweiz. Lyriker; Stammsitz Burg Fenis zw. dem Bieler und Neuenburger See; Ende 12. Jh. (vgl. MF 80, 1ff.). 5 (4), 12 (33)

Rudolf von Rotenburg, Schweiz. Lyriker (Lieder und Leiche); aus der Gegend von Luzern (?); Mitte 13. Jh. 13 (36)

Meister Rumelant (von Sachsen), Spruchdichter; 2. Hälfte 13. Jh.; (nicht zu verwechseln mit Rumslant von Schwaben). *3 (2)

Sallust, Gajus Sallustius Crispus, röm. Geschichtsschreiber (86–35 v. Chr.). 11 (32)

Schenk von Limburg, Lyriker aus fränk. Adelsgeschlecht, das unter den Hohenstaufen das Reichsschenkenamt innehatte; urk. zw. 1256–1268; begleitete Konradin nach Italien; gest. um 1280. 11 (30)

Seifried Helbling, mhd. Zeitsatire; geschrieben Ende 13. Jh.; Autor unbekannt; wohl Österreicher; Name des neuzeitlichen Titels stammt aus dem 13. Gedicht. *52 (93ff.), *53 (95f.), *54 (96f.), *68 (115f.)

Seneca, Lucius Annaeus Seneca, röm. Philosoph und Dichter; gest. 65 n. Chr. 11 (32)

Statius, Publius Papinius Statius, lat. Dichter; 1. Jh. n. Chr. 11 (32)

Stolle, 1. Zeitgenosse Walthers von der Vogelweide; vgl. dessen Spruch L 32, 7ff.;

2. Meister Stolle, auch „der alte Stolle", mitteldt. Spruchdichter; 2. Hälfte 13. Jh. 6 (4)

Stricker, bürgerl. Epiker (*Karl*, *Daniel*, Mären); aus Franken; 1. Hälfte 13. Jh. 9 (21), 10 (25)

Taler, Schweiz. Lyriker (identisch mit Leutold von Tal, Dienstmann von St. Gallen? urk. 1255–65). *32 (72f.)

Terenz, Publius Terentius Afer, lat. Komödiendichter (ca. 195–159 v. Chr.) 11 (32)

Ulrich von Etzenbach (auch: Eschenbach), Epiker; aus Böhmen; lebte längere Zeit am Prager Hof; Ende 13. Jh. *25 (60ff.), *26 (63ff.), *27 (65f.), *28 (66f.)

Ulrich von Gutenburg, Lyriker; aus els. oder pfälz. Geschlecht; Ende 12. Jh. (vgl. MF 69, 1 ff.). 5 (4), 8 (14), 13 (36)

Ulrich von Singenberg, Truchseß von St. Gallen, Lyriker; aus Thurgauer Ministerialengeschlecht; Anfang 13. Jh. *2 (2), 5 (3)

Ulrich von dem Türlin, Epiker; aus Kärnten (zum St. Veiter Bürgergeschlecht dieses Namens gehörig wie Heinrich von dem Türlin?) 2. Hälfte 13. Jh. *22 (57f.), 27 (65), *47 (89f.)

Ulrich von Türheim, Epiker, Fortsetzer von Gottfrieds *Tristan* und Wolframs *Willehalm*, Frühwerk *Clies* nur als Fragment überliefert; aus Augsburger Gegend (?); Mitte 13. Jh. 9 (21), 10 (26), 18 (45), *19 (48ff.)

Ulrich von Zazikhoven, Schweiz. Epiker (*Lanzelet*, um 1195); aus Thurgau (identisch mit Leutpriester Uolricus de Cecinchovin? urk. 1214). 9 (19), 10 (24)

Vasolt, von Rudolf von Ems zitierter, sonst nicht bekannter Literaturkritiker und Dichter (?). 10 (26)

Vergil, Publius Vergilius Maro, lat. Dichter (70–19 v. Chr.). 11 (32)

Wachsmut 1. von Künzich, 2. von Mühlhausen; Lyriker; Herkunft beider unsicher; Mitte 13. Jh. 5 (4), 12 (33)

Walther von Châtillon, mittellat. Epiker (vgl. Anm. 25); aus Lille; ca. 1140–1200. 25 (61ff.)

Walther von Metz, Lyriker; aus Tirol (?); Mitte 13. Jh. 5 (4)

Walther von der Vogelweide, Lyriker; aus Tirol (?); nach seiner Spruchdichtung datierbar von 1198–ca. 1230. *1 (1), 2 (2), 5 (4), 6 (4), 7 (10), 11 (30), 12 (33), 14 (39), 18 (47), 39 (80), 49 (91), 66 (114)

Bruder Wernher, österr. (?) Spruchdichter, fahrender Kleriker (?); 1. Hälfte 13. Jh. 6 (4)

Wernher der Gärtner, bayr. Epiker; Mitte 13. Jh. *46 (88f.)

Wetzel (von Bernau?), Autor einer *Margarethenlegende*; aus dem Aargau (?); 1. Hälfte 13. Jh. 9 (21)

von Windesbecke, gemeint viell. ein fränk. Ritter von Windsbach als Autor des ritterl. Lehrgedichtes *Winsbeke*? Anfang 13. Jh. 11 (30)

Wirnt von Grafenberg, fränk. Epiker; aus Grafenberg zw. Nürnberg und Bayreuth; Anf. 13. Jh. 9 (19), 10 (24), *41 (81ff.)

Wolfram von Eschenbach, fränk. Epiker und Lyriker; Anfang 13. Jh. 7 (7), 9 (18), 10 (24), 14 (39), 15 (39), 19 (49ff.), 22 (57), 23 (58), 24 (59), 25 (61f.), 26 (63f.), 28 (66), 31 (70), *36 (76), *37 (76ff.), *38 (78f.), *39 (79f.), *40 (80f.), 41 (82), 42 (83), 43 (84), 45 (87), 47 (90), 48 (90), 54 (97), 58 (103), 60 (106), 62 (108f.), 63 (110), 64 (112), *66 (113f.), 67 (115)